Maria Pareth

Das Haferflocken Kochbuch

SEEHAMER
KOCHBUCH
Die besten Rezepte

Inhalt

Hauchzart oder kernig:

Kulinarische Überraschungen mit Haferflocken!

Aus dem Speiseplan von Sportlern sind sie nicht wegzudenken und auch in der modernen Küche werden sie mehr und mehr (wieder-)entdeckt. Denn sie liefern nicht nur Energie für den Wettkampf, sondern machen mit ihren wertvollen Inhaltsstoffen auch fit für die Anforderungen des Alltags. Als Powerfood par excellence bieten Haferflocken reichlich kernig-kulinarische Abwechslung.

Hafer wird in unseren Breitengraden bereits seit der Bronzezeit als Lebensmittel genutzt, während er in der asiatischen und der mediterranen Küche nahezu unbekannt ist. Dabei eignen sich die unterschiedlichen Sorten Haferflocken für eine Vielzahl von Zubereitungsmöglichkeiten – der Kreativität in der Küche sind keine Grenzen gesetzt! Deshalb ist hier die Sortenkunde gleich mit praktischen Beispielen für die Verwendung angereichert:

Kernige Haferflocken

Diese knusprigen Flocken werden aus ganzen, besonders großen Haferkörnern gewalzt. Sie eignen sich hervorragend zur Müslizubereitung, für Panaden oder – überzogen mit einer Karamellschicht – als Krokant. Eine besonders leckere asiatisch angehauchte Variante sind **Sojaflocken**: Dafür 50 Gramm kernige Haferflocken in einer Pfanne ohne Fett goldbraun anrösten und mit 2 bis 3 Esslöffeln Sojasauce ablöschen. Diese Mischung lässt man kurz kräftig einkochen und serviert sie etwa zu einem Hähnchencurry mit Reis.

Zarte Haferflocken

werden aus geschnittenen Haferkörnern hergestellt, die ebenfalls gewalzt werden. Sie sind die vielseitigsten Vertreter der Haferflockenfamilie und eignen sich neben ihrer Verwendung als Schonkost auch sehr gut zum Binden von Hackfleischteigen. Außerdem verleihen sie Suppen, Saucen und Eintöpfen leichte Bindung und geben Knödeln Halt. Ein **Hackbraten auf griechische Art** ist mit ihnen fix hergestellt: 500 Gramm Schweinehackfleisch mit 1 Ei, 75 Gramm zarten Haferflocken, 20 Gramm Saucenpulver für Gyrospfanne, Salz, Pfeffer, Thymian, 1 fein gehackten Zwiebel, 1 gepressten Knoblauchzehe, 10 fein gehackten, entkernten schwarzen Oliven und 200 Gramm fein gewürfeltem Feta-Käse zu einem glatten Teig verkneten. Eine Kastenform mit Olivenöl ausstreichen, den Hackfleischteig hineingeben und im vorgeheizten Ofen bei 180 °C (Umluft 160 °C) etwa 45 Minuten backen.

Instant-Haferflocken

heißen die aus Hafermehl hauchdünn gepressten Flocken, die sich leicht in warmen und kalten Flüssigkeiten auflösen. Werden sie ausschließlich von Hafer aus biologisch kontrolliertem Anbau hergestellt, tragen sie die Bezeichnung **Schmelzflocken** und eignen sich optimal zur Zubereitung von Babynahrung. Beide Sorten sind zwar auch ideal zum Binden von Suppen und Saucen, zeigen ihre Qualitäten aber vor allem bei der Herstellung von cremigen Getränken. So entstehen nicht nur echte Energydrinks, die Flocken nehmen auch vielen Säften die Säure, wovon insbesondere empfindliche Mägen profitieren. Eine besonders leckere Variante ist der **Kokoscocktail**, der auch Kindern schmeckt: Dafür wird 1 geschälte reife Banane grob zerkleinert und mit 300 Millilitern hellem Traubensaft sowie je 200 Millilitern Milch und Kokosmilch und 4 Esslöffeln Instant-Haferflocken püriert. Besonders dekorativ wird es, wenn man den Trinkrand der 4 Gläser mit Zitronensaft abreibt und ihn in Kokosraspeln taucht. Auf ein Holzstäbchen aufgespießte Weintrauben sorgen zusätzlich für Karibikflair.

Power mit Haferflocken

Haferflocken haben ein nicht gerade glamouröses Image, vielmehr sind sie meist geprägt von dem Gedanken an Krankenkost und Kindernahrung. Schade, denn die wertvollen Inhaltsstoffe lassen sich auf leckere Weise in der täglichen Küche einsetzen! Ein Blick auf die Zusammensetzung zeigt, wieviel Gutes in ihnen steckt:

100 g Haferflocken enthalten etwa

66,2 g verwertbare Kohlenhydrate
30,4 g Ballaststoffe
13,8 g Eiweiß
10,3 g Wasser
6,6 g Fett
1,7 g Mineralstoffe
1,4 g Rohfaser
7,7 mg Zink
4,6 mg Eisen
3,23 mg Vitamin E
0,65 mg Vitamin B1
402 kcal / 1683 kJ

Ernährungswissenschaftler empfehlen daher Haferflocken besonders für sportlich aktive Menschen, da sie ein ausgezeichneter Kohlenhydratlieferant sind. Wichtig ist hierbei insbesondere, dass der Blutzuckerspiegel kontinuierlich Nachschub erhält, und so das Energieniveau länger konstant bleibt.

Da Hafer im Vergleich zu anderen Getreidearten einen doppelt so hohen und biologisch hochwertigeren Eiweißanteil hat, ergibt sich in Verbindung mit Milch oder Milchprodukten die optimale Mischung für Muskelaufbau und Koordination. Für die Muskelfunktionen ebenso wichtig sind die in Haferflocken reichlich enthaltenen Mineralstoffe Magnesium, Kalium und Kalzium.

Doch nicht nur sportlich Aktive freuen sich über leistungsfördernden Genuss. Denn in Haferflocken steckt, was uns für den Alltag fit macht:

Kein Vitalstoff ist wichtiger für ein starkes Nervenkostüm, als die in Haferflocken reichlich enthaltenen **B-Vitamine**. Sie wirken regulierend im Stoffwechsel des Nervensystems, sind wichtig für eine gesunde Haut und feste Fingernägel und spielen eine große Rolle im Immunsystem.

Vitamin E zählt zu den Antioxidanzien, die die Körperzellen vor freien Radikalen schützen. Außerdem hat es entzündungshemmende Wirkung.

Das Spurenelement **Zink** stärkt die Immunkräfte, fördert den Haarwuchs und die Wundheilung und beeinflusst rund 200 Stoffwechselenzyme in unserem Körper.

Eisen sorgt für den Sauerstofftransport im Blut und unterstützt die Bildung der roten Blutkörperchen. Außerdem wird es vom Körper zur Erneuerung der Magen-Darm-Schleimhaut benötigt.

Magnesium ist für unseren Stoffwechsel unentbehrlich, es beugt Muskelkrämpfen vor und wird prophylaktisch zur Vorbeugung gegen Thrombose eingesetzt.

Kalzium braucht der Körper zur Blutgerinnung sowie für Aufbau und Festigung von Knochen und Zähnen.

Ballaststoffe gewährleisten eine lang anhaltende Sättigung und helfen bei Darmträgheit. So genannte „lösliche“ Ballaststoffe senken den Cholesterinspiegel und verbessern die Blutfettwerte.

Energie und gute Laune

Die positive Wirkung dieser Mineralien, Spurenelemente und Vitamine auf unseren Organismus ist erwiesen. Schwerer zu fassen jedoch ist die stimmungssteigernde Wirkung von Haferflocken, die wohl auch Ursache für das Entstehen einer allseits bekannten Redewendung war: „Dich sticht wohl der Hafer“. Bereits Hildegard von Bingen war davon überzeugt, dass sich der Genuss von Hafer positiv auf das Gemüt auswirkt. Verantwortlich dafür ist wohl ein in Haferflocken enthaltenes sogenanntes „Weckamin“. Unter diesem Oberbegriff versteht man eine Stoffgruppe, die mit dem Stresshormon Adrenalin verwandt ist und sich aktivierend auf unser Nervensystem auswirkt. Ihren Namen verdanken sie der Tatsache, dass mit ihrer Produktion eine Zunahme der Konzentrationsfähigkeit und der Leistungsbereitschaft einhergeht. Müdigkeit und Schlafbedürfnis werden vertrieben. Diese hormonähnlichen Stoffe – die aus den Bausteinen des im Hafer enthaltenen Eiweißes gebildet werden – spielen auch eine große Rolle, wenn man auf gesunde Art abnehmen oder sein erreichtes Wunschgewicht halten möchte. Bei ihrer Ausschüttung wird außerdem Serotonin freigesetzt, das landläufig auch als Glückshormon bekannt ist. Der Genuss von Haferflocken ist also sozusagen legales Doping ohne Risiken und Nebenwirkungen – und das noch auf leckere Art und Weise. Insbesondere Kinder und Jugendliche profitieren durch eine verbesserte Konzentrationsfähigkeit und die Steigerung des Durchhaltevermögens in der Schule und beim Sport, wenn der Speiseplan regelmäßig mit Haferflocken angereichert wird.

Haferflocken machen schön

Der Nutzen von Haferflocken geht jedoch weit über den Tellerrand hinaus. Sie lassen sich beispielsweise auch in der Kosmetik sinnvoll einsetzen:

Ein wirksames Mittel **gegen raue Hände** kann man leicht herstellen, indem man 30 Gramm zarte Haferflocken mit 1 Tasse heißem Wasser übergießt, etwas abkühlen lässt, bis die Mischung eine angenehme Temperatur erreicht hat und dann die Hände darin badet.

Gegen **unreine Haut** wirkt eine **Hafer-Gesichtsmaske**: Dafür 35 Gramm Instant-Haferflocken mit 3 bis 4 Esslöffeln Buttermilch zu einem glatten Brei verrühren und für 5 Minuten zum Quellen stehen lassen. Die Maske auf das gereinigte Gesicht auftragen, etwa 5 Minuten einwirken lassen und mit lauwarmem Wasser entfernen.

Bei unschöner **Akne-Haut** hilft eine **Kefir-Ananas-Maske**: 2 Esslöffel Ananassaft mit 1 Esslöffel Kefir, 1 Teelöffel warmem Honig und 2 Teelöffeln zarten Haferflocken mischen und auf die gut gereinigte Gesichtshaut auftragen, nach 15 Minuten mit lauwarmem Wasser entfernen. Einmal monatlich angewandt, beugt diese Maske Hautunreinheiten vor.

Auch als Basissubstanz für ein **Peeling**, beispielsweise ein **Rosen-Körperpeeling**, sind Haferflocken fabelhaft geeignet: Dafür die dünn abgeschälte Schale von 2 Orangen mit den Blättern von 4 großen Duftrosen für etwa 3 Minuten bei mittlerer Stufe in der Mikrowelle trocknen und zusammen mit 450 Gramm Haferflocken und 35 Gramm getrocknetem Thymian 5 Minuten im Mixer durchmixen. Nach dem Baden die Mischung gründlich in die noch feuchte Haut einmassieren (nicht im Gesicht!) und anschließend mit lauwarmem Wasser abspülen. Reste des Peelings behalten ihr Aroma, wenn man sie in einem Schraubglas aufbewahrt.

Für ein **Orangen-Gesichtspeeling** werden 2 Esslöffel Joghurt mit der abgeriebenen Schale von 1 Orange, je 1 Esslöffel zarten Haferflocken und Distelöl verrührt. Die Mischung auf das Gesicht auftragen (die Augenpartie dabei aber aussparen) und nach 5 Minuten mit lauwarmem Wasser gut abspülen.

So kommen die Flocken in Form

Bei so vielen positiven Auswirkungen und Verwendungsmöglichkeiten ist es auch interessant zu wissen, welche Arbeitsvorgänge nötig sind, bis Haferflocken die Form(en) bekommen, die wir kennen. Bei ihrer Herstellung wird zunächst das Rohgetreide gereinigt, Spreu, Stroh, Unkraut und Fremdgetreide entfernt und die Haferkörner mehrere Stunden mit Dampf behandelt. Daran schließt sich ein Trocknungsprozess (die sogenannte Darre) an, bei dem sich das typische nussige Aroma in der Hitze ausbilden kann und durch den Enzyme unwirksam gemacht werden, die die Flocken bei Lagerung bitter und ranzig werden lassen würden. Nach dem Trocknen werden die Haferkörner nach Größe sortiert, denn wie kein anderes Getreide bildet Hafer Körner sehr unterschiedlicher Länge aus. Zwischen Mahlsteinen, deren Abstand exakt auf die entsprechende Kornlänge eingestellt wurde, werden die Körner dann geschält (ein Vorgang, der Entspelzen genannt wird). Nach diesem Prozess werden sie gedämpft und zwischen rotierenden Walzen zu Flocken gewalzt.

Guten Appetit!

Auch wenn sie sich in der Art der Herstellung etwas unterscheiden, alle haben doch etwas gemeinsam:

* Haferflocken sind nahrhaft und sättigen so auf kalorienarme Art,
* sie sind preiswert und bieten viel gesunden Genuss für wenig Geld,
* sie sind lange haltbar und eignen sich deshalb ausgezeichnet für die Vorratshaltung, und
* sie sind viel zu schade, um sie nur im Frühstücksmüsli zu verstecken.

Apropos Frühstücksmüsli: Es sorgt lange für Energie und ist so das ideale Sprungbrett in den Tag. Bei seiner Zubereitung spielt neben dem eigenen Geschmack allerdings auch der jeweilige Inhalt des Vorratsschranks eine große Rolle – und wer hat in aller Frühe schon Zeit und Lust, passende Zutaten zu besorgen, nur weil das Kochbuch dies verlangt?! Deshalb verzichten wir hier auf Müslirezepte und bieten in diesem Buch stattdessen kreative neue Rezeptideen mit Haferflocken, um einen der wandlungsfähigsten Bestandteile gesunder Ernährung endlich ins rechte Licht zu rücken.

Wir hoffen, dass Ihnen die Rezepte Appetit auf einen lange unterschätzten, wandel- und wunderbaren Vertreter des guten Geschmacks machen ...

Viel Spaß bei der Entdeckung der gesunden Vielfalt und – Guten Appetit!

Snacks, Shakes & Dips

Pinienkern-Riegel à la Pizzaiola

Knabberspaß auf italienische Art

Für 8 Riegel

100 g Salami in Scheiben
150 g kernige Haferflocken
50 g zarte Haferflocken
100 g Mehl
50 g Pinienkerne
50 g Sonnenblumenkerne
100 g geriebener Parmesan
1 Ei (Größe L)
100 g passierte Tomaten
20 ml Olivenöl
1 EL getrockneter Oregano
Salz, Pfeffer

1 Den Backofen auf 160 °C (Umluft 140 °C) vorheizen und ein Backblech mit Backpapier auslegen. Die Salami fein würfeln. Salamiwürfel mit beiden Haferflockensorten, Mehl, Pinien- und Sonnenblumenkernen, Parmesan, Ei, Tomaten und Öl in einer Schüssel mischen. Mit Oregano, Salz und Pfeffer würzen und alles gründlich verkneten.

2 Aus der Masse 8 Riegel formen und auf das Backblech setzen. Im vorgeheizten Backofen etwa 35 Minuten backen. Herausnehmen und auf einem Kuchengitter auskühlen lassen.

Zubereitungszeit: 15 Minuten + 35 Minuten Backzeit

Tipp: Formt man statt Stangen Bällchen und spießt diese auf Zahnstochern auf, eignet sich dieser deftig-kernige Snack auch für ein Büfett. Als Dip dazu: 50 Gramm Pesto (Glas) mit 100 Gramm Sauerrahm glatt rühren.

Tropisches Power-Porridge

Karibisch kombiniert

Für 4 Portionen

1 Dose Mangoscheiben (Abtropfgewicht 250 g)
150 ml Bananensaft
1 Päckchen Bourbon-Vanillezucker
30 g zarte Haferflocken
30 g kernige Haferflocken
1 Banane, ½ unbehandelte Limette
150 g Bananen-Joghurt

1 Die Mangoscheiben abgießen und zusammen mit dem Bananensaft pürieren. Das Püree in einem Topf erhitzen. Vanillezucker und Haferflocken zufügen und bei milder Hitze etwa 10 Minuten garen lassen.

2 In der Zwischenzeit die Banane schälen, der Länge nach halbieren und in dünne Scheiben schneiden. Die Schale der Limette dünn abraspeln, den Saft auspressen und die Bananenscheiben damit beträufeln. Das Porridge mit Joghurt, Limettenschale und Banane mischen. Sofort servieren.

Zubereitungszeit: 15 Minuten

Kräuterkekse à la Provence

Deftig-lecker mit französischem Flair

Für 16-18 Kekse
60 g Butter
120 g zarte Haferflocken
3 Eier (Größe M)
1 Knoblauchzehe
250 g gekochte Kartoffeln vom Vortag
3-4 EL getrocknete Kräuter der Provence
Salz, Pfeffer
Paprikapulver, Cayennepfeffer

1 Den Backofen auf 200 °C (Umluft 180 °C) vorheizen und ein Backblech mit Backpapier auslegen. Die Butter mit 200 ml Wasser in einem Topf erhitzen, bis sie geschmolzen ist. Den Topf vom Herd nehmen, Haferflocken und Eier zufügen. Diese Mischung wieder erhitzen und so lange rühren, bis sich der Teig vom Topfrand löst.
2 Den Knoblauch abziehen und in die Masse pressen. Die Kartoffeln durch eine Spätzlepresse drücken oder zerstampfen und zum Teig geben. Mit Kräutern, Salz, Pfeffer, Paprikapulver und Cayennepfeffer würzen.
3 Teighäufchen auf das vorbereitete Backblech setzen und glatt streichen. Die Kekse im vorgeheizten Ofen in etwa 15 Minuten goldbraun backen. Vor dem Servieren auskühlen lassen.
Zubereitungszeit: 15 Minuten + 15 Minuten Backzeit

Variation: Üppiger wird dieser Snack mit 10 getrockneten Tomaten, die gewürfelt und mit 100 Gramm gerösteten Bacon-Würfeln unter den Teig gezogen werden.

Knackige Schinkenrollen

Schlicht & einfach gut

Für 10 Röllchen
500 g Hackfleisch
1 Ei (Größe M)
100 g geriebener Emmentaler
40 g zarte Haferflocken
2 EL Semmelbrösel
1 EL mittelscharfer Senf
Salz, Pfeffer
rosenscharfes Paprikapulver
10 Scheiben gekochter Schinken, nicht zu dünn geschnitten

1 Den Backofen auf 200 °C (Umluft 180 °C) vorheizen und eine feuerfeste Auflaufform einfetten. Das Hackfleisch mit Ei, Käse, Haferflocken, Semmelbröseln und Senf verkneten. Mit Salz, Pfeffer und Paprikapulver würzen.
2 Den Hackfleischteig auf die Schinkenscheiben streichen (nicht ganz bis zu den Rändern). Die Scheiben von der Längsseite her vorsichtig aufrollen und die Rollen nebeneinander in die Auflaufform legen. Im vorgeheizten Ofen 35 Minuten überbacken. Vor dem Servieren auskühlen lassen.
Zubereitungszeit: 20 Minuten + 35 Minuten Garzeit

Tipp: Die Rollen eignen sich hervorragend als Finger Food, zum Beispiel für den Fernsehabend.

Schinken-Pilz-Säckchen

Leckere Hülle mit deftiger Fülle

Für 16 Stück

3 Frühlingszwiebeln
100 g Austernpilze
1 EL Butter
50 g kernige Haferflocken
1 EL Sojasauce
50 g Sauerrahm
50 g Mascarpone
Salz, Pfeffer, Cayennepfeffer
16 Scheiben Lachsschinken, möglichst dünn geschnitten

Rezept zum Foto

1 Die Frühlingszwiebeln putzen, den weißen Teil quer in feine Ringe schneiden. Den grünen Teil der Länge nach in Streifen schneiden, in kochendem Salzwasser blanchieren, kalt abschrecken und beiseite stellen.

2 Die Austernpilze putzen und möglichst fein würfeln. Die Butter erhitzen und die Pilze, die Zwiebelringe und die Haferflocken darin rundum goldgelb anbraten. Mit Sojasauce ablöschen und abkühlen lassen.

3 Sauerrahm und Mascarpone glatt rühren. Die abgekühlte Pilzmasse mit der Creme mischen und mit Salz, Pfeffer und Cayenne würzen. Die Füllung gleichmäßig auf die Schinkenscheiben verteilen, so dass rundum ein Rand zum Hochschlagen frei bleibt. Die Scheiben zu Säckchen zusammendrehen und jeweils mit einem blanchierten Frühlingszwiebelstreifen zubinden.

Zubereitungszeit: 45 Minuten

Tomaten mit Bohnen-Polenta-Füllung

Snack für Vier, Vorspeise für Zwei

Für 4 Portionen

100 g dicke Bohnen, geschält (tiefgekühlt)
150 ml Gemüsebrühe
50 g zarte Haferflocken
2 EL Instant-Polenta (Maisgrieß)
4 reife Strauchtomaten (etwa 400 g)
1 Eigelb (Größe M)
2 EL geriebener Parmesan
1 TL getrocknete Kräuter der Provence
Salz, Pfeffer, Cayennepfeffer
6 EL kernige Haferflocken

1 Den Backofen auf 200 °C (Umluft 180 °C) vorheizen. Eine feuerfeste Form einfetten oder mit Backpapier auslegen. Die Bohnen mit der Gemüsebrühe, den zarten Haferflocken und der Polenta kurz aufkochen. Die Mischung bei mittlerer Hitze 5 Minuten quellen lassen.

2 In der Zwischenzeit von den Tomaten je einen Deckel abschneiden und die Früchte aushöhlen.

3 Die Bohnenmasse mit dem Eigelb verrühren. Parmesan und Kräuter unterziehen und alles mit Salz, Pfeffer und Cayennepfeffer würzen.

4 Die Masse in die Tomaten füllen und mit den kernigen Haferflocken bestreuen. Die Tomaten in die vorbereitete Form setzen und im vorgeheizten Ofen 10 Minuten überbacken.

Zubereitungszeit: 25 Minuten + 10 Minuten Backzeit

Gebackener Thymian-Mozzarella

Vegetarische Alternative zu Frikadellen

Für 4 Portionen

250 g Mozzarella aus Büffelmilch
40 g kernige Haferflocken
30 g Semmelbrösel
2 EL geriebener Parmesan
1 Ei (Größe L)
1 TL Dijon-Senf
1 TL Ajvar (scharfe Paprikapaste, siehe Tipp)
1 EL getrockneter Thymian
Salz, Pfeffer
2 EL Mehl
3 EL Butterschmalz

1 Den Mozzarella in etwa fingerdicke Scheiben schneiden. Die Haferflocken grob hacken (siehe Tipp), mit Semmelbröseln und Parmesan mischen. Das Ei mit Senf und Ajvar glatt rühren, mit Thymian, Salz und Pfeffer würzen. Die Mozzarellascheiben zunächst in Mehl wenden, anschließend durch die Eimasse ziehen und zum Schluss mit den Haferflocken panieren.

2 Das Butterschmalz in einer Pfanne erhitzen und die Käsescheiben darin bei mittlerer Hitze von jeder Seite 3 bis 4 Minuten goldbraun braten (Achtung: Beim Wenden nicht mit der Gabel anstechen, da der Käse sonst ausläuft).

3 Vor dem Servieren die gebackenen Käsescheiben kurz auf einem Küchenpapier abtropfen lassen.

Zubereitungszeit: 20 Minuten

Tipp: Ajvar ist eine pikant gewürzte Sauce aus Paprikaschoten, Zwiebeln, Tomaten und Knoblauch, die man in Feinkostabteilungen großer Kaufhäuser oder Supermärkten im Regal bei den Grillsaucen findet.

Beim Hacken springen Haferflocken gerne in alle Richtungen davon. Das lässt sich vermeiden, indem man ein bisschen Öl auf das Schneidebrett gibt.

Mit einem Salat, z. B. aus Rucola, Paprikaschoten und Frühlingszwiebeln, wird eine kleine Mahlzeit aus diesem Snack.

Variation: Die knusprigen Käsescheiben eignen sich hervorragend als vegetarische Variante für Frikadellen. Mit ihnen wird aus einem klassischen Hamburger ein leckerer Veggie-Burger.

Oder wie wär's mit Pesto-Mozzarella? Dafür ersetzt man Ajvar durch die gleiche Menge Pesto genovese und den Thymian durch Basilikum. Serviert man dann noch einen Tomatensalat dazu, entsteht eine ganz neue Variante des „Insalate Caprese", den wir hierzulande als „Tomate mit Mozzarella" kennen.

Krupuk-Garnelen mit Ingwer-Orangen-Dip

Exotisch-edler Knuspergenuss

Für 4 Portionen

1 Knoblauchzehe
1 walnussgroßes Stück frischer Ingwer
5 EL Orangenmarmelade
5 EL Limettensaft
5 EL Orangensaft
1 TL Sojasauce
1 TL Sesamöl
3 EL Olivenöl
2 EL Instant-Haferflocken
40 g Krupuk (asiatische Krabbenchips)
40 g kernige Haferflocken
1 Ei (Größe L)
1 TL süß-saure Chilisauce
3 EL Butterschmalz
12 vorgegarte Riesengarnelen (ohne Schale, Darm und Kopf)
Salz, Pfeffer
40 g Mehl

1 Für den Dip den Knoblauch abziehen und durch eine Knoblauchpresse drücken. Den Ingwer schälen, möglichst fein hacken oder raspeln. Beides zusammen mit der Marmelade, Limetten- und Orangensaft, der Sojasauce, Sesam- und Olivenöl sowie den Instant-Haferflocken glatt rühren.

2 Krupuk im Mixer fein mahlen, die kernigen Haferflocken grob hacken und beides miteinander vermischen. Das Ei mit der Chilisauce glatt rühren.

3 Das Butterschmalz in einer Pfanne erhitzen. Die Garnelen salzen, pfeffern, erst in Mehl wenden, dann durch das Ei ziehen und zum Schluss mit der Krupuk-Haferflocken-Mischung panieren. Die Garnelen in dem heißen Fett rundum goldbraun anbraten. Mit dem Orangendip servieren.

Zubereitungszeit: 30 Minuten

Tipp: Die passende Beilage zu diesem außergewöhnlichen Snack ist natürlich Krupuk. Diese Krabbenchips findet man mittlerweile nicht mehr nur in Asienläden, auch in den Feinkostabteilungen großer Supermärkte sind sie zu bekommen.

Variation: Wer es mexikanisch liebt, bereitet auf die gleiche Weise Taco-Garnelen zu. Krupuk wird dann durch die gleiche Menge Taco-Chips ersetzt und anstelle des Orangendips können Sie den Paprika-Tomaten-Dip von Seite 23 dazu servieren.

Lachsbällchen mit tropischem Ananasdip

Feurig-fruchtig mit Pfiff

Für 4 Portionen

1 Baby-Ananas (etwa 300 g)
1 daumengroßes Stück frischer Ingwer
2-3 Safranfäden (siehe Tipp)
100 ml Maracujasaft
150 g zarte Haferflocken
1 unbehandelte Limette
300 g eiskaltes Lachsfilet
1 EL Semmelbrösel
1 Ei (Größe L)
2 TL Currypulver
Salz, Pfeffer
2 EL Butterschmalz
200 g Sauerrahm
1 TL Dijon-Senf

1 Für den Dip die Ananas putzen, schälen, den Strunk entfernen und das Fruchtfleisch würfeln. Den Ingwer schälen und fein hacken. Beides zusammen mit Safran und Maracujasaft aufkochen und für 15 Minuten bei mittlerer Hitze ziehen lassen. Die Ananasmischung möglichst fein pürieren und mit 50 g Haferflocken verrühren. Abkühlen lassen.

2 Die restlichen Haferflocken für 5 Minuten in kaltem Wasser einweichen. Inzwischen die Schale der Limette mit einem Zestenreißer abziehen und den Saft auspressen. Den eiskalten Lachs würfeln und zusammen mit 1 TL Limettensaft im Mixer pürieren. Die eingeweichten Haferflocken gut ausdrücken und zusammen mit Semmelbröseln, Ei und 1 TL Currypulver mit dem Fischpüree vermengen. Mit Salz und Pfeffer würzen.

3 Butterschmalz in einer Pfanne erhitzen, aus der Masse Bällchen abstechen (siehe Tipp) und im erhitzten Schmalz rundum goldbraun anbraten. Bei mittlerer Hitze weitere 10 Minuten ziehen lassen.

4 In der Zwischenzeit die abgekühlte Ananassauce mit Sauerrahm, Senf und dem restlichem Currypulver verrühren. Mit Salz, Pfeffer und Limettensaft abschmecken. Die Lachsbällchen mit dem Dip servieren.

Zubereitungszeit: 50 Minuten

Tipp: Safran sollte man möglichst ungemahlen als Fäden kaufen, da oft die farblich ähnliche aber sehr viel billigere und weniger aromatische Kurkuma (Gelbwurz) als teures Safranpulver verkauft wird.

Besonders gut gelingen die Bällchen, wenn Sie die Masse mit einem Eisportionierer abstechen und danach mit feuchten Händen rollen. Mit Hilfe von zwei Esslöffeln entstehen längliche Nocken.

Das Lachsfilet sollte zum Pürieren möglichst eiskalt sein, am besten lässt man es während der Garzeit der Sauce kurz im Gefrierfach anfrieren.

Joghurt-Preiselbeer-Shake

Erfrischend fruchtig

Für 4 Gläser
6 EL Preiselbeeren (aus dem Glas)
50 g Instant-Haferflocken
600 ml gut gekühlte Milch
8 EL griechischer Sahne-Joghurt (10 % Fett)
4 EL Vanilleeis

Alle Zutaten im Mixer einmal kräftig aufmixen, so dass sich die festen Bestandteile auflösen. Sofort servieren.

Zubereitungszeit: 5 Minuten

Tipp: Mit einem Stängel Zitronenmelisse dekoriert, bekommt dieser Fitness-Drink Cocktail-Aussehen.

Erdbeer-Basilikum-Smoothie

Klingt gut – schmeckt bestens

Für 4 Gläser
14-16 Basilikumblätter
25 g Instant-Haferflocken
60 g Zucker
800 ml gut gekühlte Milch
300 g tiefgekühlte Erdbeeren

Alle Zutaten im Mixer einmal kräftig aufmixen, so dass sich alle festen Bestandteile auflösen. Sofort servieren.

Zubereitungszeit: 5 Minuten

Tipp: Smoothie ist die Bezeichnung für ein cremiges, kühles Getränk, das ganz saft – also smooth – erfrischt. Durch die gefrorenen Früchte und die Haferflocken ist dieses Rezept eine leichte Version der ansonsten durch Sahne oder Eis üppigen Kalorienbomben.

Variation: Wer Gäste mit einem optischen Leckerbissen überraschen will, muss sich etwas mehr Arbeit machen: Basilikum zusammen mit den Haferflocken und der Hälfte der Milch pürieren. Die gefrorenen Erdbeeren zusammen mit den restlichen Zutaten aufmixen. Zunächst die Erdbeermilch auf die Gläser verteilen, die Basilikummilch vorsichtig darauf füllen, damit beide Getränke farblich getrennt bleiben. Ein Klecks geschlagene Sahne und je ein Basilikumblatt sorgen für zusätzliche Dekoration.

Cappuccino-Bananen-Shake

Energieschub auf cremige Art

1 Die Vanilleschote der Länge nach aufschlitzen und das Mark herauskratzen. In einem Topf die Milch zusammen mit der ausgekratzten Vanilleschote erhitzen und das Cappuccino-Pulver sowie den braunen Zucker darin auflösen. Die Vanilleschote entfernen und die gewürzte Milch auskühlen lassen.

2 Die Bananen schälen, grob würfeln und zusammen mit dem ausgekratzten Vanillemark, dem Ahornsirup, den Haferflocken und der Cappuccino-Milch im Mixer pürieren. Die Eiswürfel zugeben und solange durchmixen, bis das Eis grob zerkleinert ist. Das Getränk in Longdrink-Gläsern servieren.

Zubereitungszeit: 10 Minuten + 30 Minuten Kühlzeit

Für 4 Gläser

½ Vanilleschote
700 ml Milch
4 EL Cappuccino-Pulver
1-2 EL brauner Zucker
2 reife Bananen
1 EL Ahornsirup
40 g Instant-Haferflocken
8 Eiswürfel

Variation: Nougat-Liebhaber ersetzen das Cappuccino-Pulver durch die gleiche Menge Nuss-Nougat-Creme, die in der Milch schmilzt. Diese Version schmeckt Kindern besonders gut.

Avocado-Thunfisch-Dip

Hat das gewisse Etwas

1 Die Schale der Limette mit einem Zestenreißer abziehen (oder abraspeln) und den Saft aus der Frucht pressen. Die Avocado schälen, entkernen und das Fruchtfleisch grob würfeln. Das Avocadofruchtfleisch mit Limettenschale, -saft, Buttermilch, Sauerrahm, Basilikum, Haferflocken und der Chilisauce pürieren. Mit Zucker, Salz, Pfeffer und Cayennepfeffer würzen.

2 Den Thunfisch abtropfen lassen, mit einer Gabel grob zerpflücken und unter die Avocadomasse rühren.

Zubereitungszeit: 15 Minuten

Für 4 Portionen

1 unbehandelte Limette
1 reife Avocado (siehe Tipp)
200 g Buttermilch
2 EL Sauerrahm
8-10 Basilikumblätter
20 g Instant-Haferflocken
1-2 TL grüne Chilisauce
1 TL Zucker, Salz, Pfeffer
Cayennepfeffer
1 Dose Thunfisch-Filets in Olivenöl (Abtropfgewicht: etwa 80 g)

Tipp: Probieren Sie diesen Dip als Beilage zu Pell- oder Ofenkartoffeln oder auf frischer Ciabatta.

Harte und unreife Avocados sollten in Zeitungspapier gewickelt bis zu drei Tagen bei Zimmertemperatur nachreifen, bevor Sie sie verwenden.

Paprika-Tomaten-Dip

Pikante Aroma-Attacke

1 Die in Öl eingelegten Tomaten abtropfen lassen und möglichst fein würfeln. Schnittlauch waschen, trockenschütteln und in feine Ringe schneiden.
2 Ajvar mit Buttermilch, Haferflocken und Zitronensaft glatt rühren. Tomaten und Schnittlauch unterziehen. Den Dip mit Zucker, Salz und Pfeffer würzen.
Zubereitungszeit: 10 Minuten

Für 4 Portionen
8 getrocknete Tomaten, eingelegt in Öl
1 Bund Schnittlauch
100 g Ajvar (siehe Tipp Seite 16)
200 g Buttermilch
50 g Instant-Haferflocken
1 EL Zitronensaft
½ TL Zucker, Salz, Pfeffer

Tipp: Dieser Dip schmeckt sehr gut zu geröstetem Fladenbrot. Zum gelungenen Menü-Auftakt wird er, wenn man zum Aperitif kleine Fleischspieße (aus Hähnchenbrustfilet oder Lamm) dazu serviert.

Variation: Ein feines Salatdressing ergibt sich, wenn man jeweils die halbe Menge der Zutaten verrührt. Richtet man damit einen Salat aus Bohnen, Tomaten, Thunfisch und Zwiebeln an, ist ein leichtes Hauptgericht fertig, zu dem Baguette gut passt.

Zucchini-Wasabi-Dip

Mit japanischer Würze

1 Zucchini putzen und würfeln. Den Knoblauch abziehen und ganz lassen. Das Olivenöl in einer Pfanne erhitzen und darin Zucchini, die Knoblauchzehe, Haferflocken und die rosa Beeren kräftig anbraten. Auskühlen lassen.
2 Den Saft der Limette auspressen und mit Frischkäse, Sauerrahm und Wasabi glatt rühren. Mit Zucker und Salz würzen. Die Zucchinimasse mit der Gemüsebrühe nicht zu glatt pürieren und mit der Käsecreme verrühren.
Zubereitungszeit: 20 Minuten

Für 4 Portionen
100 g Zucchini
1 Knoblauchzehe
3 EL Olivenöl
50 g kernige Haferflocken
1 EL rosa Beeren
½ Limette
100 g Kräuter-Frischkäse
100 g Sauerrahm
½ TL Wasabi-Paste (ersatzweise geriebener Meerrettich, siehe Tipp)
½ TL Zucker, Salz
150 ml Gemüsebrühe

Tipp: Wasabi gibt es in Asienläden zu kaufen. Es ist als leuchtend-grüne Paste oder Pulver zu haben, gewonnen aus der japanischen Wasabi-Wurzel. Geschmacklich ähnelt es einer Mischung aus Meerrettich und Senf, ist allerdings sehr scharf. Dieser Dip passt ausgezeichnet zu Fischfondue.

Vorspeisen, Suppen & Salate

Pizza-Quiche

Bekannter Geschmack in neuer Verpackung

Für 6 Portionen
250 g Mürbeteig, aus dem Kühlregal
50 g kernige Haferflocken
150 g Salami
2 reife Tomaten
1 grüne Paprikaschote
140 g Maiskörner (Dose)
200 g Crème fraîche
2 Eier (Größe M)
100 g zarte Haferflocken
50 g frisch geriebener Parmesan
Salz, Pfeffer
Oregano, Thymian

Außerdem:
Backpapier oder Fett für die Form

1 Backofen auf 200 °C (Umluft 180 °C) vorheizen. Eine Springform (26 cm Durchmesser) mit Backpapier auslegen oder einfetten. Den Teig auf etwa 32 cm Durchmesser ausrollen und so in die Form hineindrücken, dass rundherum ein Rand entsteht. Den Teigboden mit kernigen Haferflocken bestreuen.

2 Die Salami würfeln. Tomaten und Paprika vierteln, Stielansätze und Kerne entfernen und das Fruchtfleisch würfeln. Den Mais abtropfen lassen.

3 In einer Schüssel die Crème fraîche mit den Eiern und den zarten Haferflocken glatt rühren. Salami, Tomaten, Paprika, Mais und Parmesan zugeben. Mit Salz, Pfeffer, Oregano und Thymian würzen. Die Masse auf dem Teig verteilen und die Quiche im vorgeheizten Ofen in etwa 45 Minuten goldbraun backen. Vor dem Servieren etwa 5 Minuten auskühlen lassen.

Zubereitungszeit: 20 Minuten + 50 Minuten Backzeit

Tipp: Die Quiche schmeckt auch kalt sehr gut und eignet sich so beispielsweise für eine Büroparty oder als kleiner Snack.

Variation: Wer auf Kalorien achtet, ersetzt die Crème fraîche durch je 100 Gramm Magerquark und Sauerrahm und verwendet statt der Salami mageren gekochten Schinken.

Asiatische Spitzkohl-Röllchen

Füllung mit Überraschungseffekt

Für 4 Portionen

175 g Hähnchenbrustfilet, ohne Haut
175 g frische Shitake-Pilze (ersatzweise Egerlinge)
6-8 Korianderblättchen
4 EL Sojasauce
1 TL Wasabi-Paste, ersatzweise geriebener Meerrettich, siehe auch Tipp auf Seite 23
3 EL süß-saure Chilisauce
8 große Blätter Spitzkohl
1 Eigelb (Größe L)
100 g Kräuter-Frischkäse
50 g zarte Haferflocken
2 EL Olivenöl
100 ml Gemüsebrühe

1 Das Filet möglichst fein würfeln. Die Pilze putzen und mit den Korianderblättern möglichst fein hacken. Die Sojasauce mit Wasabi und der Chilisauce mischen. Fleisch und Pilze darin bis zur weiteren Verwendung marinieren.

2 Inzwischen die Kohlblätter in kochendem Salzwasser blanchieren und in Eiswasser abschrecken. Den Strunk auf der Hinterseite glatt abschneiden oder komplett entfernen, damit sich die Blätter später besser rollen lassen.

3 Das Eigelb mit Frischkäse verrühren und mit der Hühnerfleisch-Pilz-Masse und den Haferflocken mischen. Die Füllung gleichmäßig auf die Kohlblätter verteilen. Die Seiten der Blätter einschlagen, die Rouladen fest aufrollen und mit Küchengarn umwickeln.

4 Das Olivenöl in einer Pfanne erhitzen und die Röllchen darin von allen Seiten rundum goldbraun anbraten. Mit Brühe ablöschen und mit aufgelegtem Deckel bei mittlerer Hitze etwa 20 Minuten garen.

Zubereitungszeit: 1 Stunde

Tipp: Zum Füllen eignen sich neben dem zarten Spitzkohl auch große Wirsing- oder Chinakohlblätter. Dazu passt hervorragend der Zucchini-Wasabi-Dip von Seite 23.

Variation: Wer kein sicheres Händchen beim Aufrollen der Rouladen hat, macht einfach kleine Päckchen. Diese mit der Nahtstelle nach unten in eine gefettete Auflaufform setzen und mit der Brühe umgießen. Mit Butterflöckchen bedecken und 30 Minuten im auf 180 °C (Umluft 160 °C) vorgeheizten Ofen garen. So entsteht eine Variante, die sich auch sehen lassen kann!

Thunfisch-Steaks in Selleriekruste

Edler Fisch mit Knusperhaube

Für 4 Portionen

200 g Knollensellerie
50 g kernige Haferflocken
1 Ei (Größe L)
1 EL Magerquark
1 EL Dijon-Senf
1 TL geriebener Meerrettich
1-2 EL Semmelbrösel
Salz, Pfeffer
frisch geriebene Muskatnuss
4 Thunfisch-Steaks (insgesamt 600 g)
2 EL Butterschmalz

Rezept zum Foto

1 Den Sellerie schälen und auf einer Küchenreibe fein raspeln. Mit Haferflocken, Ei, Quark, Senf, Meerrettich und Semmelbröseln vermischen und mit Salz, Pfeffer und Muskatnuss würzen.

2 Jeweils ein Viertel der Masse auf den Steaks verteilen. Das Butterschmalz in einer Pfanne erhitzen und die Thunfisch-Steaks mit der bestrichenen Seite nach unten etwa 5 Minuten scharf anbraten. Danach wenden und mit aufgelegtem Deckel bei mittlerer Hitze weitere 5 Minuten ziehen lassen.

Zubereitungszeit: 30 Minuten

Tipp: Diese ausgefallene Vorspeise wird am besten von einem Feldsalat mit Roter Bete und einer feinen Vinaigrette begleitet.

Wasabi (siehe Seite 23, Tipp) verleiht dem Fisch einen asiatischen Touch.

Steinpilz-Pesto

Zu Bandnudeln oder auf geröstetem Weißbrot

Für 4 Portionen

300 ml Waldpilzfond (aus dem Glas), ersatzweise Gemüsebrühe
1 EL Sojasauce
25 g getrocknete Steinpilze
1 Bund Petersilie
1 Knoblauchzehe
4 EL frisch geriebener Parmesan
40 g Instant-Haferflocken
4 EL Olivenöl
Pfeffer, Muskatnuss

1 Den Fond mit der Sojasauce und den Pilzen erwärmen und diese 10 Minuten quellen lassen.

2 Inzwischen die Petersilie von den Stielen zupfen und den Knoblauch abziehen. Beides zusammen mit den eingeweichten Steinpilzen, Fond, Parmesan und Haferflocken fein pürieren. Das Olivenöl unter Rühren einfließen lassen, bis eine cremige Sauce entsteht. Mit Pfeffer und Muskatnuss würzen.

Zubereitungszeit: 20 Minuten

Tipp: Steinpilz-Pesto schmeckt auch super zu kurz gebratenem Fleisch!

Im Kühlschrank hält sich das Pesto, bedeckt mit einer dünnen Schicht Olivenöl, bis zu zwei Wochen.

Ziegenkäse-Küchlein mit Trauben

Hoher Genussfaktor

Für 4 Portionen

230 g Blätterteig (aus dem Kühlregal)
75 g Ziegengouda
80 g kernige Haferflocken
100 g Ziegenfrischkäse
100 g Sauerrahm
2 Eier (Größe M)
50 g gemahlene Walnüsse (ersatzweise gemahlene Haselnüsse oder Mandeln)
Salz, Pfeffer
frisch geriebene Muskatnuss
Cayennepfeffer
100 g kernlose Trauben

1 Den Backofen auf 200 °C (Umluft 180 °C) vorheizen. Den Blätterteig ausrollen und 12 Kreise von etwa 10 bis 12 Zentimeter Durchmesser ausstechen (siehe Tipp). Ein Muffinblech mit 12 Mulden einfetten und die Teigkreise hineindrücken.

2 Den Ziegengouda fein würfeln und mit Haferflocken, Frischkäse, Sauerrahm, Eiern und Nüssen mischen. Alles glatt rühren und kräftig mit Salz, Pfeffer, Muskatnuss und Cayennepfeffer würzen. Die Trauben unterrühren.

3 Die Käsemischung gleichmäßig auf die vorbereiteten Teigstücke verteilen. Das Muffinblech in den vorgeheizten Ofen schieben und die Muffins in etwa 30 Minuten goldbraun backen. Die Küchlein schmecken sowohl frisch aus dem Ofen als auch ganz ausgekühlt.

Zubereitungszeit: 25 Minuten + 30 Minuten Backzeit

Tipp: Diese Käsemuffins sind zu kräftigen Weißweinen ein Genuss. Sie sollten mutig gewürzt werden, da der Teig die Aromen stark aufnimmt.

Wer keinen runden Ausstecher in dieser Größe hat, behilft sich entweder mit einem Bierglas oder schneidet entsprechende Quadrate aus dem Teig.

Teigreste, die nach dem Ausstechen zurückbleiben, kann man oben auf die Käsemischung legen und an den seitlichen Teigrändern andrücken.

Falls Sie kein Muffinblech besitzen (gibt es bei den Backzutaten im Supermarkt), nehmen Sie einfach Muffin-Papiermanschetten. Pro Küchlein drei Papiermanschetten ineinander setzen und den Teig einfüllen.

Variation: Wer keinen Ziegenkäse mag, ersetzt ihn durch anderen Käse: Gut harmonieren beispielsweise ein würziger Kräuter-Frischkäse mit einem Greyerzer (auch unter seinem französischen Namen Gruyère im Handel) oder ein mit Paprikapulver gewürzter Frischkäse mit einem kräftigen, nicht zu jungen Allgäuer Bergkäse.

Deftige Bratäpfel mit Rotkohlfüllung

Optisch & geschmacklich top

Für 4 Portionen

400 g Rotkohl
1 Zwiebel
1 TL Kümmel
1 TL Fenchelsamen
100 g Bacon-Würfel
50 g zarte Haferflocken
50 ml roter Traubensaft
Salz, Pfeffer
1 EL Aceto balsamico
2 EL Olivenöl
4 große säuerliche Äpfel, z.B. Elstar oder Cox Orange

1 Den Rotkohl putzen, vierteln und mit Ausnahme des Strunks in feine Streifen hobeln. Zwiebel abziehen und möglichst fein würfeln. Kümmel und Fenchelsamen grob zerstoßen. Den Bacon in einer trockenen Pfanne knusprig anbraten, herausnehmen und auf einem Küchenpapier abtropfen lassen. Im ausgetretenen Fett in der Pfanne Rotkohl, Zwiebel, Kümmel, Fenchelsamen und Haferflocken anbraten. Mit Traubensaft ablöschen, mit Salz und Pfeffer würzen und etwa 20 Minuten bei mittlerer Hitze garen. Zum Schluss den Balsamico-Essig zum Rotkohl geben und den Bacon unterrühren.
2 Inzwischen den Backofen auf 180 °C (Umluft 160 °C) vorheizen und eine feuerfeste Form mit Olivenöl ausstreichen. Von den Äpfeln einen Deckel abschneiden. Die Früchte so aushöhlen, dass das Kerngehäuse entfernt wird und der Boden stehen bleibt. Die Äpfel mit der Mischung füllen, in die vorbereitete Form setzen und im vorgeheizten Ofen etwa 45 Minuten garen.
Zubereitungszeit: 30 Minuten + 45 Minuten Backzeit

Tipp: Als Beilage Baguette und Meerrettichsahne oder Preiselbeerkompott reichen.

Auberginen-Linsen-Suppe

Vollendet mit Rucola-Pesto

Für 4 Portionen

400 g Auberginen
200 ml Olivenöl
100 g rote Linsen
1 TL Kreuzkümmel, Salz, Pfeffer
900 ml Gemüsebrühe, 100 ml Cidre
1 Knoblauchzehe
100 g Rucola
75 g kernige Haferflocken
30 g frisch geriebener Parmesan

1 Auberginen putzen, vom Stielansatz befreien und das Fruchtfleisch würfeln. 3 EL Olivenöl erhitzen und die Auberginenwürfel darin rundum kräftig anbraten. Linsen und Kreuzkümmel zufügen, salzen und pfeffern. Gemüsebrühe und Cidre angießen und bei mittlerer Hitze 15 Minuten garen.
2 Inzwischen für den Pesto den Knoblauch abziehen, grob hacken. Rucola von den groben Stielen zupfen. Beides zusammen mit Haferflocken, Parmesan und dem restlichen Öl möglichst glatt pürieren. Salzen und pfeffern.
3 Die Suppe auf Tellern anrichten und mit je einem Klecks Pesto servieren.
Zubereitungszeit: 30 Minuten

Knusprige Knödeltaler mit Pesto und Roter Bete

Macht nicht nur Knödelfans glücklich

Für 4 Portionen
50 g altbackenes Weißbrot
3 Eier (Größe M)
60 ml Milch
60 g zarte Haferflocken
50 g Semmelbrösel
20 g frisch geriebener Parmesan
3 EL Pesto genovese (aus dem Glas)
Salz, Pfeffer
edelsüßes Paprikapulver
frisch geriebene Muskatnuss
3 TL Dijon-Senf
1 EL Aceto balsamico
1 TL Zucker
5 EL Olivenöl
1 küchenfertige, vorgegarte, geschälte Rote Bete (etwa 250 g)
30 g kernige Haferflocken

1 Das Weißbrot fein würfeln. 2 Eier mit der Milch verquirlen und mit dem Brot mischen. Zarte Haferflocken, die Hälfte der Semmelbrösel, Parmesan und 1 EL Pesto zugeben und alles zu einen glatten Teig verkneten. Mit Salz, Pfeffer, Paprikapulver und Muskatnuss würzen. Eine Teigrolle formen.

2 Reichlich Salzwasser zum Kochen bringen, die Teigrolle einlegen, die Temperatur reduzieren und die Teigrolle bei mittlerer Hitze im offenem Topf etwa 15 Minuten garen, dabei nicht mehr kochen lassen. Den Knödel herausnehmen, abtropfen und auskühlen lassen.

3 Inzwischen für die Vinaigrette je 1 TL Senf und Pesto mit dem Balsamico-Essig und dem Zucker glatt rühren. Nach und nach unter Rühren 3 EL Olivenöl einlaufen lassen und alles zu einer cremigen Sauce verrühren.

4 Die Rote Bete in möglichst dünne Scheiben schneiden. Den ausgekühlten Knödel in 12 dünne Scheiben schneiden.

5 Das restliche Ei mit dem restlichem Senf und Pesto verrühren. Die kernigen Haferflocken und die restlichen Semmelbröseln darunter mischen. Das restliche Öl erhitzen. Die Knödelscheiben erst in der Eimischung, dann in den Flocken wälzen und im heißen Fett von beiden Seiten goldbraun braten.

6 Auf Tellern die Rote-Bete- und Knödel-Scheiben anrichten, mit der Vinaigrette beträufeln und servieren.

Zubereitungszeit: 70 Minuten

Tipp: Vorgegarte, geschälte Rote Bete gibt es im Glas oder vakuumverpackt zu kaufen. Mit einem Gurkenhobel gelingen die Scheiben besonders dünn.

Besonders edel sieht es aus, wenn man alles mit Parmesan-Spänen bestreut. Sie lassen sich mit einem Sparschäler ganz einfach vom Käse abziehen.

Die in Rote-Bete enthaltenen Farbstoffe sind aktive Antioxidantien, die unsere Abwehrkräfte stärken.

Variation: Gebratene Knödelscheiben schmecken auch gut zu einem Pilzragout.

Meerrettich-Apfel-Suppe

Mit Knusper-Chips scharf kombiniert

Für 4 Portionen

4 dünne Scheiben Sauerteigbrot vom Vortag
100 g frische Meerrettichwurzel
1/2 unbehandelte Zitrone
50 g Frischkäse
10 g Semmelbrösel
50 g kernige Haferflocken
Salz, Pfeffer
250 g mehlig kochende Kartoffeln
2 Äpfel (insgesamt etwa 400 g)
1 Zwiebel
2 EL Olivenöl
500 ml Gemüsebrühe
250 ml Rote-Bete-Saft
frisch geriebene Muskatnuss
200 g Schlagsahne

1 Backofen auf 200 °C (Umluft 180 °C) vorheizen. Ein Backblech mit Backpapier auslegen, Brotscheiben halbieren und darauf legen. Meerrettich schälen und fein reiben. Die Schale der Zitrone möglichst dünn abraspeln, Saft auspressen. 1 EL Meerrettich mit der Hälfte der Zitronenschale, Frischkäse, Semmelbröseln und Haferflocken verrühren, salzen und pfeffern. Gleichmäßig auf die Brotscheiben streichen. Mit Backpapier bedecken und mit einem zweiten kleineren Blech beschweren (damit sich die Brote nicht wölben). Im vorgeheizten Ofen etwa 10 Minuten rösten. Auskühlen lassen.

2 Kartoffeln schälen und würfeln. Die Äpfel schälen, Kerngehäuse entfernen und das Fruchtfleisch würfeln. Die Zwiebel abziehen, fein würfeln und im erhitzten Öl glasig anschwitzen. Kartoffeln, Äpfel, restlichen Meerrettich, Zitronenschale und -saft zugeben, mit Brühe und Rote-Bete-Saft auffüllen, mit Salz, Pfeffer und Muskat würzen, bei mittlerer Hitze 30 Minuten garen.

3 Nach dem Ende der Garzeit die Suppe pürieren, Sahne zugeben und einmal kurz aufkochen lassen. Abschmecken und mit den Chips servieren.

Zubereitungszeit: 45 Minuten

Kokoscreme-Suppe mit Rinderfilet

Asien-Aroma inklusive

Für 4 Portionen

1 haselnussgroßes Stück Ingwer
100 g braune Champignons (ersatzweise Austernpilze)
1 Limette, 400 g Rinderfilet
500 ml Gemüsebrühe
500 ml ungesüßte Kokosmilch
1-2 EL gelbe Currypaste
2 EL Butterschmalz
75 g kernige Haferflocken

1 Den Ingwer schälen und fein hacken. Pilze putzen und in dünne Scheiben schneiden. Die Schale der Limette mit einem Zestenreißer abziehen und den Saft auspressen. Das Rinderfilet in dünne Streifen schneiden.

2 Brühe mit Kokosmilch, Ingwer, Limettensaft und Currypaste einmal aufkochen, anschließend 10 Minuten bei mittlerer Hitze köcheln lassen.

3 Inzwischen Butterschmalz erhitzen, Filetstreifen, Pilze, Haferflocken und Limettenschale darin rundum goldbraun anbraten. Die Suppe zum Servieren auf Tellern anrichten und die gebratenen Filetstreifen darauf verteilen.

Zubereitungszeit: 30 Minuten

Mango-Kraut-Salat mit Apfeldressing

Exotisch-rustikal

Für 4 Portionen

1 kleiner Apfel (etwa 100 g)
1 EL Kümmel
1 EL Apfelessig
1 EL Dijon-Senf
½ TL Zucker, Salz, Pfeffer
4 EL Olivenöl
1 kleine reife Mango (etwa 250 g)
300 g Sauerkraut
200 g Knollensellerie
½ frische Chilischote
80 g kernige Haferflocken

1 Apfel schälen, vierteln, Kerngehäuse entfernen und das Fruchtfleisch fein raspeln. Kümmel in einem Mörser zerstoßen, mit Essig, Senf, Zucker, Salz und Pfeffer verrühren. 2 EL Olivenöl und geraspelten Apfel zugeben und gut vermischen. Mango schälen, das Fruchtfleisch in Spalten vom Kern schneiden und in mundgerechte Streifen teilen. Das Sauerkraut mit Mango und Apfeldressing mischen und bis zum Servieren beiseite stellen.

2 Den Sellerie schälen und grob raspeln. Kerne und Innenrippen der Chilischote entfernen und das Fruchtfleisch fein hacken. Restliches Olivenöl in einer Pfanne erhitzen, Haferflocken, Chili und Sellerie darin knusprig anbraten. Den Sauerkrautsalat auf Tellern anrichten, mit den warmen Knusperflocken bestreuen und servieren.

Zubereitungszeit: 40 Minuten

Tipp: Dieser leckere Salat ist besonders gesund: So schützt das in der Mango enthaltene Karotin unsere Zellen vor starker UV-Strahlung; roh verzehrtes Sauerkraut wirkt immunstimulierend und ist eine wahre Vitaminbombe.

Sellerie-Sesam-Salat

Appetitliche Verbindung

Für 4 Portionen

50 g kernige Haferflocken
20 g Sesamsamen
1 EL Sojasauce
2 EL süß-saure Chilisauce
1 EL Aceto balsamico
1 TL Dijon-Senf
4 EL Olivenöl
Salz, Pfeffer, 1 TL Zucker
½ Knollensellerie (etwa 450 g)
300 g Radicchio
8 Cornichons, 40 g Kapern

1 Haferflocken und Sesam in einer trockenen Pfanne goldgelb anrösten, auskühlen lassen. Soja- und Chilisauce mit Balsamico und Senf glatt rühren. Olivenöl nach und nach unterrühren, so dass eine glatte Sauce entsteht. Mit Salz, Pfeffer und Zucker würzen.

2 Sellerie schälen und fein raspeln. Radicchio putzen, waschen, trockenschleudern und zum Sellerie geben. Cornichons fein hacken und zusammen mit den Kapern mit Salat, Dressing, Haferflocken und Sesam mischen.

Zubereitungszeit: 25 Minuten

Linsen-Pilz-Salat mit Parmesanplätzchen

Knusprig, nussig, gut

Für 4 Portionen

50 g kernige Haferflocken
2 EL Instant-Haferflocken
100 g frisch geriebener Parmesan
2 EL Crème fraîche
Salz, Pfeffer
1-2 Möhren (etwa 200 g)
150 g Staudensellerie
1 kleine Zwiebel
7 EL Olivenöl
1 TL getrockneter Thymian
100 g rote Linsen
300 ml Gemüsebrühe
250 g Austernpilze
2 EL Aceto balsamico
1 EL Dijon-Senf
1 TL Zucker

1 Den Backofen auf 200 °C (Umluft 180 °C) vorheizen und ein Backblech mit Backpapier auslegen. Beide Haferflockensorten mit Parmesan und Crème fraîche verkneten, mit Salz und Pfeffer würzen. Den Teig dünn ausrollen und runde Chips ausstechen. Die Plätzchen auf dem Blech verteilen und im vorgeheizten Ofen etwa 15 Minuten backen, anschließend auskühlen lassen.

2 Inzwischen die Möhren und den Sellerie putzen, schälen und fein würfeln. Die Zwiebel abziehen und fein würfeln. 2 EL Olivenöl erhitzen und das Gemüse mit dem Thymian darin anbraten. Die Linsen zufügen, mit Brühe ablöschen und bei mittlerer Hitze 10 Minuten garen, bis die Flüssigkeit aufgenommen ist, danach kurz abkühlen lassen.

3 In der Zwischenzeit die Pilze putzen und würfeln. In einer Pfanne 2 EL Olivenöl erhitzen und die Pilze darin goldbraun anbraten.

4 Balsamico und Senf glatt rühren, mit Zucker, Salz und Pfeffer würzen und nach und nach das restliche Olivenöl unterrühren, so dass eine cremige Sauce entsteht.

5 Das Linsengemüse mit der Sauce und den Pilzen mischen, auf Tellern anrichten und mit den Parmesanplätzchen servieren.

Zubereitungszeit: 40 Minuten

Tipp: Rote Linsen sind reich an B-Vitaminen und garen – im Vergleich zu anderen Linsensorten – schnell. Ihr nussiges Aroma harmoniert sehr gut mit gerösteten kernigen Haferflocken.

Soll eine ganze Mahlzeit aus dem Salat werden, richten Sie ihn auf einem Rucola-Bett an und servieren gebratene Thunfisch-Steaks dazu. Auch kleine Kalbsschnitzel sind eine hervorragende Ergänzung. Auf jeden Fall sollte man pro Person nicht mehr als 150 Gramm Thunfisch oder Fleisch rechnen, da Linsen sehr sättigend sind.

Hauptgerichte pikant & süß

Gefüllte Tintenfischtuben, überbacken

Schmeckt nach Mee(h)r

Für 4 Portionen
6-8 Tintenfischtuben/Kalmare (etwa 400 g)
200 g küchenfertige Shrimps, geschält und entdarmt
1 kleiner Zucchino (etwa 150 g)
4-5 Sardellenfilets
3 EL Pesto genovese (Glas)
100 g Crème fraîche
1 Ei (Größe L)
20 g Schmelzflocken
30 g zarte Haferflocken
50 g geriebener Parmesan
Salz, Pfeffer
1 EL Olivenöl
100 g Schlagsahne

Außerdem:
Rouladennadeln oder Holzspießchen

1 Den Backofen auf 180 °C (Umluft 160 °C) vorheizen. Die Tintenfische unter fließendem kaltem Wasser waschen und mit Küchenpapier abtrocknen.

2 Für die Füllung die Shrimps würfeln. Den Zucchino putzen, grob würfeln und zusammen mit Sardellenfilets, Pesto und Crème fraîche mit einem Pürierstab oder in einem Mixer pürieren. Shrimps, Ei, Schmelz- und Haferflocken sowie Parmesan zur pürierten Masse geben. Alles gut vermischen, salzen und pfeffern.

3 Die Tintenfischbeutel mit der Masse füllen und die Öffnungen mit Rouladennadeln oder Holzspießchen verschließen. Das Olivenöl in eine Auflaufform geben und die Tintenfische nebeneinander hineinsetzen. Die gefüllten Tintenfische im Ofen etwa 20 Minuten backen, dabei einmal wenden.

4 Inzwischen die restliche Füllmasse mit der Sahne glatt rühren und nach 20 Minuten über die Tintenfische geben. Weitere 20 Minuten im Ofen garen.

Zubereitungszeit: 25 Minuten + 40 Minuten Garzeit

Tipp: Die Füllung in die Tuben zu bekommen, kann etwas schwierig sein. Am besten verwenden Sie dazu einen Mokkalöffel. Ist der Kalmar etwa zur Hälfte gefüllt, sollte man ihn mit beiden Händen am oberen Rand festhalten und mit der Spitze leicht aufstoßen, damit sich die Füllung setzen kann.

Als passende Beilage zu diesem italienisch inspirierten Gericht empfiehlt sich frisches Ciabatta-Brot oder Reis.

Lachsforellen-Filet auf griechische Art

Vom Olymp des leichten Genießens

Für 4 Portionen

400 g Blattspinat (tiefgekühlt)
4 EL Olivenöl
4 Lachsforellen-Filets (insgesamt etwa 700 g)
400 g Fenchel
200 g Feta-Käse
50 g frisch geriebener Parmesan
50 g kernige Haferflocken
Salz, Pfeffer
Cayennepfeffer

1 Den Spinat auftauen lassen. Den Backofen auf 180 °C (Umluft 160 °C) vorheizen und ein Backblech mit 2 EL Olivenöl ausstreichen. Die Fischfilets mit der Hautseite nach unten auf das Blech legen.

2 Fenchel putzen, vierteln, den Strunk entfernen und möglichst fein würfeln. Das restliche Öl erhitzen und den Fenchel darin anbraten. Den Spinat gut ausdrücken, zum Fenchel geben und etwa 5 Minuten bei mittlerer Hitze mitgaren. Inzwischen den Feta würfeln und mit einer Gabel zerdrücken.

3 Feta mit Parmesan, Fenchel-Spinat-Mischung und Haferflocken mischen. Mit Salz, Pfeffer und Cayennepfeffer würzen und die Masse gleichmäßig auf den Fischfilets verteilen. Im vorgeheizten Ofen etwa 20 Minuten garen.

Zubereitungszeit: 20 Minuten + 20 Minuten Garzeit

Tipp: Zum Auftauen den Spinat in einem Sieb mit kochendem Wasser übergießen. Vor der Verwendung gut ausdrücken!

Bandnudeln mit Curry-Lachs-Sauce

Farb-Feuerwerk mit Geschmack

Für 4 Portionen

300 g frisches Lachsfilet ohne Haut
100 ml Fischfond
1-2 TL gelbe Currypaste
50 g Shiitake-Pilze oder braune Champignons
1 Möhre (200 g), 1 Zucchino (150 g)
1 kleine Petersilienwurzel
1 Schalotte, 2 EL Olivenöl
400 g Bandnudeln
1 Limette, 200 g Schlagsahne
50 g Schmelzflocken

1 Das Lachsfilet mundgerecht würfeln und im erhitzten Fischfond mit der Curry-Paste etwa 10 Minuten bei milder Hitze ziehen lassen. Inzwischen Pilze, Möhre und Zucchini putzen und fein würfeln. Petersilienwurzel und Schalotte schälen und ebenfalls fein würfeln.

2 Olivenöl in einer Pfanne erhitzen und das vorbereitete Gemüse darin kräftig anbraten. Inzwischen die Bandnudeln in reichlich kochendem Salzwasser bissfest garen. Die Schale der Limette mit einem Zestenreißer dünn abziehen oder abraspeln. 1 Esslöffel Saft auspressen. Schlagsahne, Schmelzflocken, Limettenschale und -saft zum Lachs geben, einmal kurz aufkochen lassen und Gemüse zugeben. Die gut abgetropften Nudeln mit der Sauce servieren.

Zubereitungszeit: 40 Minuten

Hirschfilet mit Preiselbeer-Maronen-Haube

Herbstlicher Genuss

Für 4 Portionen

1 EL Olivenöl
2 Knoblauchzehen
15 g getrocknete Steinpilze
60 g zarte Haferflocken
20 geschälte, küchenfertige Maronen (siehe Tipp)
2 EL angedickte Preiselbeeren (aus dem Glas)
4 EL Dijon-Senf
2 EL Crème fraîche
Salz, Pfeffer
1 EL getrockneter Thymian
800 g Hirschfilet
2 EL Butterschmalz
125 ml Waldpilzfond
1 EL rosa Beeren (siehe Tipp)

1 Backofen auf 200 °C (Umluft 180 °C) vorheizen. Eine flache feuerfeste Form mit Öl ausstreichen. Knoblauch abziehen und zusammen mit Steinpilzen, Haferflocken, der Hälfte der Maronen, Preiselbeeren und Senf zu einer glatten Masse pürieren. Ein Drittel der Masse abnehmen und beiseite stellen. Die übrigen Maronen hacken und mit 1 EL Crème fraîche zum restlichen Püree geben. Mit Salz, Pfeffer und der Hälfte des Thymians würzen.

2 Das Fleisch unter fließendem kaltem Wasser abspülen, mit Küchenpapier abtrocknen. Das Butterschmalz in einer Pfanne erhitzen und das Filet darin ringsherum jeweils 3 Minuten scharf anbraten. Das Filet in die Form setzen und die gewürzte Maronenmasse gleichmäßig darauf verteilen. Das Fleisch im vorgeheizten Ofen etwa 20 Minuten garen.

3 Inzwischen den Bratensatz in der Pfanne mit Pilzfond ablöschen, restliche Crème fraîche und die beiseite gestellte Maronenmasse einrühren und aufkochen lassen. Mit Salz, Pfeffer, Thymian und rosa Beeren würzen und auf kleiner Hitze ziehen lassen, bis das Fleisch fertig ist. Zum Servieren das Hirschfilet aufschneiden und jeweils zwei Scheiben mit der Sauce auf Tellern anrichten.

Zubereitungszeit: 25 Minuten + 20 Minuten Garzeit

Tipp: Maronen (süddeutscher/österreichischer Begriff für Esskastanien) bekommt man in Gemüse- oder Feinkostabteilungen der Supermärkte, geschält und vorgegart in Dosen oder auch vakuumverpackt. Rosa Beeren – die trotz ihres pfeffrig-pikanten Geschmacks nicht mit Pfeffer verwandt sind – werden gefriergetrocknet angeboten. Zu finden sind sie bei den Gewürzen.

Als Beilagen zu den Hirschfilets eignen sich gebratener Wirsing und Kartoffelpüree; doch auch Bandnudeln und ein muskat-duftendes Möhrengemüse sind gute Begleiter.

Variation: Quittenmus passt hervorragend zu diesem aromatischen Gericht. Anstelle der Preiselbeeren verwendet, sorgt es für geschmackliche Abwechslung.

Überbackene Kaninchenfilets mit Austernpilzen

Kernige Geschmacksallianz

Für 4 Portionen
300 g Austernpilze
1 Schalotte
3 EL Butterschmalz
4 Kaninchenfilets
(insgesamt etwa 800 g)
8 getrocknete Tomaten,
in Öl eingelegt
4 EL Kräuter-Frischkäse
4 EL Sauerrahm
20 g Schmelzflocken
75 g kernige Haferflocken
1 TL getrockneter Thymian
Salz, Pfeffer

1 Den Backofen auf 180 °C (Umluft 160 °C) vorheizen. Die Pilze putzen und fein würfeln. Schalotte abziehen und ebenfalls fein hacken. 1 EL Butterschmalz in einer Servierpfanne mit feuerfesten Griffen erhitzen und die Pilze und Schalottenwürfel darin kräftig anbraten. Die Pilzmischung in eine Schüssel füllen. Das restliche Butterschmalz erhitzen und die Kaninchenfilets darin rundum goldbraun anbraten.

2 Inzwischen die Tomaten abtropfen lassen und würfeln. Tomaten, Frischkäse, Sauerrahm und Schmelzflocken mit der Pilzmischung verrühren. Die Hälfte der kernigen Haferflocken unterrühren und die Mischung mit Thymian, Salz und Pfeffer würzen.

3 Die Filets in der feuerfesten Pfanne ebenfalls salzen, pfeffern und jeweils mit einem Viertel der Pilzmischung bestreichen. Die restlichen Haferflocken gleichmäßig darüber streuen. Die Pfanne in den vorgeheizten Ofen schieben und das Gericht in etwa 40 Minuten garen.

Zubereitungszeit: 30 Minuten + 40 Minuten Garzeit

Tipp: Wer gerne überflüssigen Abwasch vermeidet, verwendet bei diesem Gericht eine so genannte Servierpfanne mit feuerfesten Griffen. Darin kann man das Anbraten und Garen im Backofen erledigen, ohne dass noch eine zusätzliche Form nötig wird. Als Beilage eignet sich ein bunter Blattsalat und Baguette.

Variation: Die Pilzmasse ist auch eine wunderbare Krönung für Hähnchen- oder Schweinefilets.

Biskuitroulade mit Lachs und Spinat

Fisch in Vorzeigeoptik

Für 4 Portionen

600 g Blattspinat (tiefgekühlt)
8 Eier (Größe M)
Salz, Pfeffer
frisch geriebene Muskatnuss
80 g Mehl
20 g Speisestärke
½ TL Backpulver
1 Zwiebel
2 Knoblauchzehen
2 EL Olivenöl
50 g Instant-Haferflocken
Cayennepfeffer
150 g Sauerrahm
50 g kernige Haferflocken
250 g Räucherlachs in dünnen Scheiben

1 Den Blattspinat auftauen lassen und gut ausdrücken. Den Backofen auf 180 °C (Umluft 160 °C) vorheizen, ein Backblech mit Backpapier auslegen.

2 Die Eier trennen (ein Eiweiß anderweitig verwenden), 7 Eiweiße zu möglichst festem Eischnee schlagen. Die Eigelbe cremig rühren, mit Salz, Pfeffer und Muskatnuss würzen. Mehl, Speisestärke und Backpulver glatt einrühren. Den Eischnee vorsichtig unterheben. Den Teig gleichmäßig auf dem Backblech verteilen und im vorgeheizten Ofen 15 Minuten backen.

3 Inzwischen die Zwiebel und den Knoblauch abziehen, die Zwiebel fein würfeln. Das Öl erhitzen und die Zwiebelwürfel darin glasig anschwitzen. Den Knoblauch durch eine Knoblauchpresse dazupressen. Den Blattspinat untermischen und die Instant-Haferflocken einrühren. Alles mit Salz, Pfeffer, Muskatnuss und Cayennepfeffer würzen.

4 Den gebackenen Biskuitteig aus dem Ofen nehmen und mit Sauerrahm bestreichen. Die kernigen Haferflocken darauf streuen. Die Räucherlachsscheiben auflegen. Die Spinatmasse gleichmäßig darauf verteilen. Den Biskuit von der langen Seite her aufrollen und auf dem Blech weitere 10 Minuten backen. Zum Servieren in Scheiben schneiden.

Zubereitungszeit: 1 Stunde

Variation: Wer den Lachs durch die gleiche Menge Parmaschinken ersetzt, erhält eine mindestens genauso leckere Version dieser köstlichen Roulade.

Entenbrustfilet in Knusperhülle auf Asia-Rotkohl

Klassische Zutaten mit pfiffiger Würze

Für 4 Portionen

500 g Entenbrustfilet
50 g Ingwer
2 Knoblauchzehen
6-7 EL süß-saure Chilisauce
4 EL helle Sojasauce
500 g Rotkohl
3 EL Butterschmalz
75 ml Johannisbeersaft
2-3 Gewürznelken
1 Ei (Größe M)
1 TL Dijon-Senf
1 TL geriebener Meerrettich
1 EL Sauerrahm
Salz, Pfeffer
50 g zarte Haferflocken
50 g kernige Haferflocken
50 g Mehl
3-4 EL Pflaumenmus
1 EL Aceto balsamico

1 Die Haut des Entenfilets abziehen und das Fleisch in etwa gulaschgroße Würfel schneiden. Ingwer und Knoblauch abziehen und fein hacken. In einer flachen Schale 4 EL Chilisauce mit der Sojasauce verrühren, jeweils die Hälfte des gehackten Ingwers und Knoblauchs zufügen und gut verrühren. Das Fleisch in dieser Marinade etwa 3 Stunden ziehen lassen.

2 Nach etwa 2 ½ Stunden der Marinierzeit den Rotkohl vierteln, vom Strunk befreien und fein raspeln. 1 EL Butterschmalz erhitzen und die Kohlstreifen darin anrösten. Den restlichen Ingwer und den restlichen Knoblauch zufügen. Mit Johannisbeersaft ablöschen, die restliche Chilisauce und die Nelken zufügen. Den Rotkohl etwa 20 Minuten bei mittlerer Hitze schmoren.

3 Für die Panade das Ei mit Senf, Meerrettich und Sauerrahm verrühren, salzen und pfeffern. Die beiden Haferflockensorten mischen. Das restliche Butterschmalz in einer Pfanne erhitzen. Das Fleisch aus der Marinade nehmen, in Mehl wenden, durch die Eimasse ziehen und mit Haferflocken panieren. Die panierten Fleischstücke in dem heißen Fett rundum goldbraun anbraten, danach noch etwa 10 Minuten bei milder Hitze garen.

4 Inzwischen die Fleischmarinade mit 2 bis 3 EL Pflaumenmus zu einer glatten Sauce verrühren. Den Rotkohl mit dem restlichen Pflaumenmus, dem Essig, Salz und Pfeffer abschmecken. Die Nelken entfernen. Den Rotkohl zusammen mit den Filetstücken und der Sauce servieren.

Zubereitungszeit: 1 Stunde + 2 ½ Stunden Marinierzeit

Tipp: Beim Kauf von Sojasauce sollten Sie darauf achten, dass es sich um eine natürlich gebraute und keine chemisch hergestellte Sauce handelt. Neben der Farbe (transparent rehbraun bei natürlichen, nahezu schwarz bei chemischen Produkten) gibt auch ein Blick auf die Zutatenliste schnell Aufschluss: Sojabohnen, Weizen, Wasser und Salz reichen aus, um den feinen Geschmack entstehen zu lassen. Zuckercouleur, Maissirup und Geschmacksverstärker sind nur erforderlich, wenn die Sojasauce nicht nach dem traditionellen Brauverfahren hergestellt wurde.

Wirsing-Nudel-Auflauf mit Gorgonzola

Gelungene Kombination

Für 4 Portionen
1 kleiner Wirsing (etwa 700 g)
3 EL Olivenöl
400 g Spiralnudeln
6 Scheiben Bacon
500 ml Milch
150 g Gorgonzola
50 g Schmelzkäse
1 EL getrockneter Thymian
Salz, Pfeffer, Cayennepfeffer
50 g zarte Haferflocken
50 g kernige Haferflocken

1 Den Backofen auf 180 °C (Umluft 160 °C) vorheizen. Den Wirsing putzen, vom Strunk befreien und fein raspeln. In einer Pfanne 2 EL Olivenöl erhitzen und den Wirsing darin rundum goldbraun anbraten (siehe Tipp). Eine Auflaufform mit dem restlichen Olivenöl ausstreichen.

2 Die Nudeln in reichlich kochendem Salzwasser bissfest kochen und danach abgießen. Die Nudeln mit dem Wirsing mischen und in die vorbereitete Form füllen. Den Bacon würfeln oder in feine Streifen schneiden.

3 Die Milch erhitzen und Gorgonzola und Schmelzkäse darin schmelzen lassen. Mit Thymian, Salz, Pfeffer und Cayennepfeffer würzen. Die zarten Haferflocken einrühren. Die Mischung über die Wirsingnudeln geben und mit den kernigen Haferflocken und den Schinkenstreifen bestreuen. Den Auflauf im vorgeheizten Ofen in etwa 30 Minuten überbacken.

Zubereitungszeit: 35 Minuten + 30 Minuten Garzeit

Tipp: Der Wirsing sieht nach dem Raspeln mengenmäßig zwar sehr viel aus, fällt aber beim Braten stark zusammen. Damit er auch wirklich rundum goldbraun wird und die Röstaromen annimmt, sollten Sie ihn portionsweise anbraten.

Steinpilz-Knödel mit Lauchschaum

Vegetarisch de luxe

1 Für die Knödel die Milch in einem Topf erhitzen. Brezeln und Toastbrot fein würfeln. Steinpilze und Brotwürfel mit der heißen Milch übergießen und etwa 15 Minuten ziehen lassen.
2 Die Eier mit dem Suppenpulver verquirlen, gut mit der Brotmasse vermischen und mit Salz, Pfeffer und Muskatnuss würzen. Den Bratschlauch an einem Ende fest zubinden und innen mit 1 EL Olivenöl ausstreichen. Die Masse einfüllen und gut zusammendrücken. Den Schlauch auf der anderen Seite so verschließen, dass möglichst keine Luftlöcher im Teig entstehen. Die Knödelmasse in einem Topf mit reichlich kaltem Wasser aufsetzen, einmal kurz aufkochen und bei milder Hitze etwa 45 Minuten ziehen lassen.
3 Inzwischen für die Sauce den Lauch waschen, putzen und in Ringe schneiden. Die Petersilie waschen, trockenschwenken, die Blättchen von den groben Stielen zupfen, fein hacken und beiseite stellen. Das Öl erhitzen und die Lauchstreifen mit den Petersilienstielen darin anbraten. Mit Gemüsebrühe aufgießen und abgedeckt 15 Minuten bei mittlerer Hitze garen. Danach möglichst fein pürieren. Crème fraîche und Schmelzkäse einrühren und mit Salz, Pfeffer und Muskatnuss würzen. Den Schaum einmal kurz aufkochen lassen.
4 Nach dem Ende der Garzeit des Knödels den Bratschlauch aus dem Wasser nehmen und vorsichtig aufschneiden. Den Knödel herausnehmen und in etwa fingerdicke Scheiben schneiden.
5 Die Knödelscheiben mit dem Lauchschaum auf Tellern anrichten, mit der gehackten Petersilie bestreuen und servieren.
Zubereitungszeit: 1 1/4 Stunden

Variation: Besonders edel wird dieses Gericht, wenn Sie die angerichteten Portionen mit ausgelösten Flusskrebsschwänzen garnieren. Pro Portion rechnet man 30 Gramm.

Für 4 Portionen
Für die Knödel:
500 ml Milch
3 Laugenbrezeln vom Vortag (insgesamt 150 g)
3 Scheiben Toastbrot
20 g getrocknete Steinpilze
3 Eier (Größe M)
1 Päckchen Steinpilz-Suppenpulver (für 1 l Flüssigkeit)
Salz, Pfeffer
frisch geriebene Muskatnuss
1 EL Olivenöl

Für den Lauchschaum:
500 g Lauch
1 Bund Petersilie
2 EL Olivenöl
400 ml Gemüsebrühe
75 g kernige Haferflocken
150 g Crème fraîche
100 g Schmelzkäse
Salz, Pfeffer
frisch geriebene Muskatnuss

Außerdem:
1 Stück Bratschlauch

Ratatouille-Schnecken mit Parmesansauce

Mediterrane Co-Produktion

Für 4 Portionen

250 g Mehl (am besten Wiener Grießler oder Strudelmehl)
2 Eier (Größe M)
5 EL Olivenöl
200 g Zucchini
1 beliebig farbige Paprikaschote (etwa 200 g)
1 Zwiebel
1 EL getrocknete Kräuter der Provence (siehe Tipp)
1 Knoblauchzehe
200 ml Gemüsebrühe
100 g passierte Tomaten
Salz, Pfeffer
½ TL Zucker
50 g zarte Haferflocken
400 ml Milch
25 g Instant-Haferflocken
100 g frisch geriebener Parmesan

1 Das Mehl mit den Eiern, 1 EL Olivenöl und 1 EL Wasser zu einem glatten Teig verkneten. Abgedeckt etwa 30 Minuten ruhen lassen.

2 In der Zwischenzeit die Zucchini putzen und würfeln. Von der Paprikaschote Stielansatz, Kerne und weiße Innenrippen entfernen und das Fruchtfleisch würfeln. Die Zwiebel abziehen und fein hacken. 2 EL Olivenöl erhitzen und das Gemüse darin zusammen mit den Kräutern anbraten. Knoblauch abziehen, hinzupressen und kurz mitrösten. Mit 50 ml Gemüsebrühe ablöschen und die passierten Tomaten zufügen. Mit Salz, Pfeffer und Zucker würzen. Etwa 10 Minuten bei mittlerer Hitze garen und danach vom Herd nehmen. Die zarten Haferflocken zugeben und alles kurz abkühlen lassen.

3 Den Teig auf einer bemehlten Arbeitsfläche etwa messerrückendick ausrollen und die Gemüsemasse gleichmäßig darauf verteilen. Den Teig zu einer dicken Rolle aufwickeln, dabei immer leicht andrücken. Die Rolle quer in etwa 3 Zentimeter dicke Scheiben schneiden.

4 Das restliche Olivenöl in einer Pfanne erhitzen und die Rouladenscheiben dicht an dicht hineinsetzen. Etwa 3 Minuten anbraten, dann wenden und von der anderen Seite kurz anbraten. Mit der restlichen Gemüsebrühe aufgießen. Mit geschlossenem Deckel 20 Minuten bei mittlerer Hitze garen und in den letzten 5 Minuten den Deckel abnehmen.

5 Inzwischen die Milch erhitzen, Instant-Haferflocken und Parmesan zugeben, salzen und pfeffern. Die Ratatouille-Schnecken mit der Sauce servieren und nach Belieben noch mit geriebenem Parmesan oder frischer Petersilie bestreuen.

Zubereitungszeit: 1 Stunde

Variante: Geübte Köche können statt der Pasta-Schnecken auch Ratatouille-Ravioli servieren. Den Teig dazu mit der Nudelmaschine ausrollen, Rechtecke ausschneiden, auf die Hälfte davon je 1 Teelöffel Ratatouille setzen, ein zweites Teigrechteck auflegen und die Ränder fest andrücken. Die Ravioli in reichlich kochendem Salzwasser garen und mit der Sauce servieren.

Studentenfutter-Puffer

Knabberspaß als Energielieferant

Für 4 Portionen

300 g Marzipan-Rohmasse
300 g Studentenfutter
200 g kernige Haferflocken
150 g zarte Haferflocken
300 g Magerquark
4 Eier (Größe M)
100 g Grieß
120 g Zucker
4 EL Butterschmalz

1 Das Marzipan grob würfeln und zusammen mit dem Studentenfutter in einem Blitzhacker oder Mixer hacken. Die Masse mit Haferflocken, Quark, Eiern, Grieß und Zucker verrühren und etwa 10 Minuten quellen lassen.

2 Butterschmalz in einer Pfanne erhitzen, die Masse in 12 Puffer-Portionen teilen und je 4 Puffer gleichzeitig von beiden Seiten goldbraun braten.

Zubereitungszeit: 35 Minuten

Tipp: Studentenfutter, eine Mischung aus Nüssen und Rosinen, verdankt seinen Namen dem hohen Sättigungsgrad und seinen Inhaltsstoffen. Die enthaltenen B-Vitamine beschleunigen den Gedankenfluss und steigern die Konzentration, Fructose, Glucose und Kalium liefern Nährstoffe für die Gehirnzellen.

Auch wer keine Rosinen mag, wird dieses Gericht lieben, da sie durch das Hacken nahezu unkenntlich gemacht werden, ihre gute Wirkung aber trotzdem erhalten bleibt.

Als Beilage zu den Puffern eignet sich sehr gut Mohn-Marzipan-Joghurt oder ein fruchtiges Apfelkompott.

Pfirsich-Amarettini-Schichtspeise

Fruchtgenuss mit Biss

Für 4 Portionen

40 g Butter
40 g Amarettini-Kekse
200 g kernige Haferflocken
500 g reife Pfirsiche (am besten weiße)
2 Eier (Größe L)
250 ml Milch
4 EL Vanille-Puddingpulver zum Kochen
40 g Zucker

1 Den Backofen auf 180 °C (Umluft 160 °C) vorheizen und eine feuerfeste Auflaufform einfetten. Butter erhitzen, Amarettini-Kekse hineinbröseln und zusammen mit den Haferflocken darin rundum goldbraun anrösten. Die Pfirsiche schälen, entsteinen und in Spalten schneiden.

2 Die Hälfte der Haferflocken in die Form geben, die Pfirsiche darauf verteilen. Eier mit Milch, Puddingpulver und Zucker verquirlen, über den Auflauf gießen und mit den restlichen Flocken bedecken. Im vorgeheizten Ofen etwa 40 Minuten garen. Vor dem Servieren 5 Minuten abkühlen lassen.

Zubereitungszeit: 20 Minuten + 45 Minuten Garzeit

Tipp: Dazu passt Vanillesauce oder Joghurt mit Amaretto-Geschmack.

Lebkuchen-Krokant-Schmarrn mit Orangenfilets

Knusper-Leckerei

Für 4 Portionen
6 Eier (Größe M)
300 g Mehl
100 ml Schlagsahne
400 ml Milch
2 TL Lebkuchengewürz
60 g Zucker
2 EL Butter
50 g kernige Haferflocken
4 Orangen (insgesamt etwa 800 g)
80 g gemahlene Mandeln
80 g Rosinen
2 EL Butterschmalz
1-2 EL Puderzucker

1 Die Eier trennen. Mehl mit Sahne, Milch und Lebkuchengewürz glatt rühren. Die Eigelbe unterrühren und den Teig etwa 30 Minuten ruhen lassen.

2 Inzwischen in einer Pfanne den Zucker mit Butter schmelzen und die Haferflocken darin karamellisieren lassen. Die Krokantmasse auf ein mit Backpapier belegtes Blech gießen, erkalten lassen und in kleine Stücke brechen.

3 Die Orangen schälen, die weiße Innenhaut mit entfernen und die Filets aus den Rippen lösen. Den dabei austretenden Saft auffangen und mit den Filets beiseite stellen.

4 Die Eiweiß zu festem Schnee schlagen. Mandeln und Rosinen mit dem Teig verrühren und den Eischnee vorsichtig unterziehen.

5 Butterschmalz in einer Pfanne erhitzen, den Teig hineingeben und bei mittlerer Hitze goldbraun anbraten. Den Pfannkuchen vorsichtig wenden und von der anderen Seite goldbraun braten. Anschließend mit zwei Gabeln in mundgerechte Stücke reißen. Mit Puderzucker bestäuben und bei höchster Temperatur kurz karamellisieren lassen. Den fertigen Schmarrn mit Krokant bestreuen und servieren.

Zubereitungszeit: 50 Minuten

Tipp: Eine leckere Beilage sind Rotweinkirschen: Dafür 200 Gramm Sauerkirschen aus dem Glas abtropfen lassen und mit 100 Milliliter Rotwein kurz aufkochen. Mit Zimt, Zitronenzesten und Zucker nach eigenem Geschmack würzen. Das Ganze soll bei mittlerer Hitze für etwa 15 Minuten garen, bevor man es zum Schmarrn serviert.

Variation: Aus dem oben beschriebenen Krokant lassen sich auch beste Knuspersplitter herstellen, die nicht nur die Liebhaber von Mandelsplittern begeistern werden. Dafür schmilzt man 80 Gramm Zucker in 50 Gramm Butter und lässt 50 Gramm kernige Haferflocken darin karamellisieren. Die Masse auf einem Backblech glatt streichen und erkalten lassen. Aus dem Krokant mundgerechte Splitter brechen und diese mit geschmolzener Vollmilch-Schokolade überziehen.

Desserts, Kuchen & Gebäck

Quark-Nocken mit zweierlei Saucen

Süßes mit zartherber Note

Für 4 Portionen

Für die Quark-Nocken:
60 g Löffelbiskuits
50 g kernige Haferflocken
30 g zarte Haferflocken
1 Vanilleschote
500 g Magerquark
2 Eigelb (Größe L)
2 EL weiche Butter
60 g brauner Zucker

Für die dunkle Sauce:
50 g Zartbitter-Schokolade
60 g Zucker
100 g Schlagsahne
2 EL Kakaopulver
50 ml frisch gebrühter Espresso

Für die rote Sauce:
4 EL Orangenmarmelade
200 ml Orangensaft
4 EL Grenadinesirup
4 EL Campari
50 g Instant-Haferflocken

1 Die Löffelbiskuits zerbröseln und zusammen mit den kernigen Haferflocken in einer Pfanne ohne Fett anrösten. Die Mischung ganz abkühlen lassen und dann zusammen mit den zarten Haferflocken in einem Mixer oder mit einem Blitzhacker grob hacken. Die Vanilleschote der Länge nach halbieren und das Mark herauskratzen. Den Quark mit Vanillemark, Eigelb, Butter, braunem Zucker und der Bröselmischung zu einem Teig verrühren.

2 Reichlich Salzwasser zum Kochen bringen. Vom Teig mit Hilfe zweier Esslöffel Nocken abstechen und in das Wasser legen. Die Nocken bei mittlerer Hitze etwa 20 Minuten ohne Deckel garziehen lassen.

3 Inzwischen für die dunkle Sauce in einem kleinen Topf die Schokolade zerbröckeln und zusammen mit Zucker, Sahne, Kakaopulver und Espresso bei mittlerer Hitze schmelzen lassen.

4 Für die rote Sauce die Orangenmarmelade mit Orangensaft, Sirup, Campari und Instant-Haferflocken glatt pürieren.

5 Die fertigen Nocken mit einem Schaumlöffel aus dem Topf nehmen, abtropfen lassen und zusammen mit den beiden Saucen servieren.

Zubereitungszeit: 40 Minuten

Variation: Die Campari-Orangen-Sauce können Sie nach Geschmack noch zusätzlich etwas süßen.

Für einen zusätzlichen fruchtigen Akzent sorgen Mandarinorangen aus der Dose (Abtropfgewicht: 175 g), die man abgetropft unter die Sauce rührt.

Noch mehr Abwechslung bringt eine Vin-Santo-Zabaione: Dafür 150 Milliliter Vin Santo (italienischer Dessertwein) mit 6 frischen Eigelben und 75 g Zucker über einem heißen Wasserbad hellgelb und cremig aufschlagen (nicht kochen lassen!).

Vanilleeis-Gratin mit Himbeeren

Sieht gut aus und schmeckt auch so

Für 6 Portionen
75 g Butter
75 g zarte Haferflocken
1 EL Mehl
1 TL Backpulver
1 Ei (Größe L)
100 g Zucker
300 g Himbeeren (tiefgekühlt)
3 Eiweiß (Größe L)
500 ml Vanilleeis
50 g Mandelblättchen

1 Den Backofen auf 200 °C (Umluft 180 °C) vorheizen und eine feuerfeste Gratinform einfetten. Die Butter zerlassen und in einer Schüssel mit den Haferflocken vermischen. Mehl, Backpulver, das Ei und 4 EL Zucker zugeben. Alles gut miteinander verrühren. Den Teig in die Form füllen und im Backofen etwa 20 Minuten backen. Den Teigboden gut auskühlen lassen.
2 In der Zwischenzeit die Himbeeren auftauen lassen. Sobald der Teigboden ausgekühlt ist, das Eiweiß mit dem restlichen Zucker steif schlagen.
3 Den Backofen erneut auf 200 °C (Umluft 180 °C) erhitzen. Die Himbeeren auf dem Teigboden verteilen, das gefrorene Eis darauf verteilen und mit dem Eischnee bedecken. Mit den Mandelblättchen bestreuen und im heißen Backofen etwa 3 Minuten goldbraun überbacken. Sofort servieren.
Zubereitungszeit: 50 Minuten

Schwarzwälder-Kirsch-Creme

Kombination mit Geschmacksgarantie

Für 4 Portionen
60 g Zartbitter- oder Vollmilch-Schokolade (je nach Geschmack)
500 ml Milch
1 Päckchen Vanille-Puddingpulver zum Kochen (für 500 ml Milch)
110 g Zucker
50 g Butter
100 g kernige Haferflocken
1 kleines Glas Sauerkirschen (Abtropfgewicht: 185 g)
200 g Schlagsahne
1 Päckchen Bourbon-Vanillezucker

1 Die Schokolade in die Milch bröckeln, erhitzen und darin schmelzen lassen. Den Pudding nach Packungsanweisung mit der Schokoladenmilch und 1 Esslöffel Zucker zubereiten und auskühlen lassen.
2 Die Butter in einer Pfanne zerlassen und die Haferflocken sowie den restlichen Zucker darin goldgelb rösten. Auf einem Stück Backpapier glatt streichen und auskühlen lassen. Anschließend mit den Fingern grob zerbröckeln.
3 Die Kirschen abtropfen lassen. Die Sahne mit Vanillezucker steif schlagen und zwei Drittel davon mit dem abgekühlten Pudding glatt rühren. Zum Servieren die Kirschen auf Schälchen verteilen, mit Pudding bedecken, Knusperflocken darauf verteilen und mit der restlichen Sahne verzieren.
Zubereitungszeit: 30 Minuten + 1 Stunde Kühlzeit

Baiser-Biskuit-Schnitten mit Heidelbeersauce

Für Lecker-Schmecker

Für 6 Portionen
2 Eier (Größe M)
1 Eiweiß (Größe M)
75 g Zucker
100 g zarte Haferflocken
50 ml Schlagsahne
100 g weiße Schokolade
50 g Schmelzflocken
225 g Mohn-Marzipan-Joghurt
150 g Heidelbeeren (aus dem Glas oder tiefgekühlt)
25 g Marzipan-Rohmasse
150 ml schwarzer Johannisbeersaft

1 Backofen auf 150 °C (Umluft 130 °C) vorheizen und ein Backblech mit Backpapier auslegen. Die Eier trennen. Alle Eiweiße mit der Hälfte des Zuckers steif schlagen. Die Eigelbe mit 3 TL warmem Wasser schaumig schlagen, den restlichen Zucker und die zarten Haferflocken zufügen und glatt rühren. Den Eischnee vorsichtig unterziehen. Die Masse auf dem Backblech verteilen, glatt streichen und im vorgeheizten Ofen 15 Minuten backen. Sofort nach dem Backen ein Backpapier auf die Oberfläche legen, das Blech stürzen und das Papier von der Unterseite abziehen. Den Biskuit auskühlen lassen.

2 Inzwischen die Sahne erwärmen, Schokolade und die Hälfte der Schmelzflocken darin bei mittlerer Hitze schmelzen lassen. Die Schokoladenmasse mit dem Joghurt glatt rühren.

3 Den Biskuit halbieren, eine Hälfte auf ein großes Stück Alufolie legen und die Schoko-Joghurt-Masse auf dem Teig verteilen. Das zweite Stück Biskuit darauf setzen und vorsichtig andrücken. Die Folie fest verschließen. Den Kuchen etwa 2 Stunden im Kühlschrank fest werden lassen.

4 Für die Sauce die Heidelbeeren abtropfen bzw. auftauen lassen. Das Marzipan fein würfeln. Den Johannisbeersaft mit den restlichen Schmelzflocken, den Heidelbeeren und dem Marzipan erwärmen, möglichst fein pürieren und auskühlen lassen.

5 Zum Servieren den Biskuit in Portionsstücke schneiden und jeweils auf einem Saucenspiegel anrichten.

Zubereitungszeit: 1 Stunde + 2 Stunden Kühlzeit

Variation: Wer von Heidelbeeren nicht genug kriegen kann, verwendet für die Cremefüllung Heidelbeer-Joghurt und fügt noch 100 Gramm frische Heidelbeeren hinzu.

Pflaumenmus-Kuchen Thüringer Art

Knuspriges Herbstfrucht-Aroma

Für etwa 12 Stücke

175 g Butter
½ Würfel Hefe (21 g)
150 g Zucker
250 g Mehl
1 Ei (Größe M)
50 g zarte Haferflocken
100 g kernige Haferflocken
50 g Sonnenblumenkerne
50 g Mandelblättchen
100 g gemahlene Mandeln
2 Päckchen Bourbon-Vanillezucker
1 TL Zimtpulver
400 g Pflaumenmus

1 Den Backofen auf 180 °C (Umluft 160 °C) vorheizen. Ein Backblech mit Backpapier auslegen oder einfetten. 75 g Butter erwärmen, die Hefe hineinbröckeln und darin schmelzen, 50 g Zucker zufügen. Die Buttermasse mit 200 g Mehl, dem Ei und den zarten Haferflocken zu einem glatten Teig verkneten. Den Teig auf einer bemehlten Arbeitsfläche auf die Größe des Backblechs ausrollen und auf das Blech setzen.

2 Die kernigen Haferflocken mit Sonnenblumenkernen und Mandelblättchen in einer trockenen Pfanne goldbraun anrösten. Gemahlene Mandeln, Vanillezucker und Zimt zufügen. Etwa ein Drittel der Masse mit dem Pflaumenmus glatt rühren und gleichmäßig auf den Teig streichen. Die restliche Mandelmasse mit Mehl, der übrigen Butter und dem restlichen Zucker zu Streusel verkneten. Die Streusel auf dem Kuchen verteilen.

3 Den Kuchen im vorgeheizten Ofen etwa 35 Minuten backen, bis er goldbraun und knusprig ist. Vor dem Servieren auskühlen lassen.

Zubereitungszeit: 45 Minuten + 35 Minuten Backzeit

Variation: Quittenmus ist eine gute Alternative zum Pflaumenmus bei diesem Rezept. Dafür 500 Gramm geschälte, entkernte Quitten fein würfeln und mit 20 Milliliter Apfelsaft 15 Minuten kochen. Möglichst fein pürieren und mit 50 Gramm Quittengelee und etwas Zimt abschmecken, nach Geschmack noch Zucker hinzufügen.

Orangen-Limetten-Kuchen

Süß-sauer auf andere Art

Für 12 Stücke

100 g kernige Haferflocken
60 g Puderzucker
2 unbehandelte Orangen
2 unbehandelte Limetten
75 g Orangeat
1 EL Cointreau
50 g Instant-Haferflocken
4 Eier (Größe M)
100 g Zucker
50 g Butter
40 g Grieß
40 g Mehl
1 TL Backpulver

1 Backofen auf 175 °C (Umluft 155 °C) vorheizen. Eine Springform (26 cm Durchmesser) einfetten oder mit Backpapier auslegen. Die kernigen Haferflocken in einer Pfanne ohne Fett goldbraun anrösten, mit Puderzucker bestäuben und karamellisieren lassen. Zum Auskühlen beiseite stellen.

2 Die Orangen und Limetten heiß abwaschen, abtrocknen, die Schalen dünn abraspeln (siehe Tipp) oder mit dem Zestenreißer abziehen. Aus allen Früchten den Saft auspressen. Das Orangeat mit dem ausgepressten Saft, den abgeriebenen Orangen- und Limettenschalen, Cointreau und Instant-Haferflocken pürieren und beiseite stellen.

3 Die Eier trennen. Eiweiß zu festem Eischnee schlagen, dabei nach und nach die Hälfte des Zuckers einrieseln lassen. Die Eigelbe mit dem restlichen Zucker schaumig rühren, Zitruspüree, Butter, Grieß, Mehl und Backpulver zufügen und alles glatt verrühren. Den Eischnee vorsichtig unterziehen.

4 Den Teig in die vorbereitete Form füllen und den Kuchen im vorgeheizten Ofen 10 Minuten backen. Mit den karamellisierten Haferflocken bestreuen und weitere 15 Minuten backen. Vor dem Servieren auskühlen lassen.

Zubereitungszeit: 30 Minuten + 25 Minuten Backzeit

Tipp: Die Schale von Zitrusfrüchten sollte man nie zu tief abraspeln, da sonst zu viele Bitterstoffe, die im weißen Teil der Schale sitzen, den Geschmack beeinträchtigen.

Variation: Wenn Kinder mitessen, sollte der Cointreau besser durch Orangensaft ersetzt werden.

Gebrannte-Mandel-Kuchen

Bringt Weihnachtsmarkt-Düfte in die Küche

Für 12 Stücke
150 g gebrannte Mandeln
100 g zarte Haferflocken
75 g Marzipan-Rohmasse
50 g Mehl
200 g weiche Butter
150 g Zucker
5 Eier (Größe M)
¼ TL Zimtpulver
1 TL Backpulver

1 Den Backofen auf 180 °C (Umluft 160 °C) vorheizen. Eine runde Springform (26 cm Durchmesser) einfetten oder mit Backpapier auslegen. Die gebrannten Mandeln mit den Haferflocken im Blitzhacker oder Mixer nicht zu fein hacken. Das Marzipan auf einer Küchenreibe raspeln.
2 Mehl, Butter, Zucker, Eier, Zimt und Backpulver miteinander glatt rühren. Mandel-Haferflocken-Mischung und Marzipan einrühren. Den Teig in die Form füllen und im vorgeheizten Ofen etwa 40 Minuten goldbraun backen.
Zubereitungszeit: 20 Minuten + 40 Minuten Backzeit

Variation: Verfeinern Sie den Kuchen mit einer Amaretto-Glasur. Dafür 5 Esslöffel Puderzucker mit 1 Esslöffel Amaretto verrühren und auf dem Kuchen verteilen. Nach Belieben mit ganzen gebrannten Mandeln dekorieren.

Latte-macchiato-Muffins

Schwarz-Weiß für Schlemmer

Für 12 Stück
150 g Marzipan-Rohmasse
200 ml Milch
50 g Butter
2 EL Amaretto-Likör
100 g zarte Haferflocken
1 Ei (Größe M)
100 g Sauerrahm
140 g Mehl, 125 g Zucker
2 TL Backpulver, 1 TL Natron
75 ml Espresso (abgekühlt)
1 TL Kakaopulver
75 g gemahlene Mandeln

Rezept zum Foto
1 Den Backofen auf 180 °C (Umluft 160 °C) vorheizen. Ein Muffinblech mit 12 Mulden mit Papierförmchen auslegen oder einfetten. Das Marzipan grob würfeln und zusammen mit der Milch, der Butter und dem Amaretto erhitzen, bis es geschmolzen ist (nicht kochen lassen).
2 Haferflocken mit Ei, Sauerrahm, Mehl, Zucker, Backpulver und Natron verrühren und mit dem Marzipan glatt rühren. Etwa ein Drittel davon abnehmen und in die abgenommene Masse den Espresso, das Kakaopulver und die gemahlenen Mandeln einrühren. Den dunklen Teig gleichmäßig im Muffinblech verteilen. Mit dem hellen Teig bedecken. Die Muffins im vorgeheizten Ofen in 25 Minuten goldbraun backen.
Zubereitungszeit: 20 Minuten + 25 Minuten Backzeit

Apfelmus-Kuchen

Gelingt auch Back-Novizen auf Anhieb

Für 12 Stücke
100 g zarte Haferflocken
150 ml Milch
175 g Mehl
80 g weiche Butter
140 g brauner Zucker
½ TL Zimtpulver
2 TL Backpulver
250 g Apfelmus

1 Die Haferflocken mit der Milch mischen und etwa 10 Minuten quellen lassen. Inzwischen den Backofen auf 180 °C (Umluft 160 °C) vorheizen und eine Kastenform einfetten oder mit Backpapier auslegen.

2 Mehl, Butter, Zucker, Zimt, Backpulver und Apfelmus zur Haferflockenmasse geben und alles gut miteinander verrühren. Den Teig in die vorbereitete Form füllen und im vorgeheizten Ofen etwa 45 Minuten backen. Vor dem Servieren auskühlen lassen.

Zubereitungszeit: 15 Minuten + 45 Minuten Backzeit

Variation: Luxuriöser wird der Kuchen durch 50 Gramm Rosinen (die auch in Rum eingelegt sein können) und 1 frischen Apfel, den man, geschält, vom Kerngehäuse befreit und gewürfelt, zum Teig gibt.

Aprikosen-Nuss-Kuchen

Leckeres kann so einfach sein

Für 4 Portionen
150 g getrocknete Soft-Aprikosen ohne Kern
100 g Mehl
50 g kernige Haferflocken
50 g Zucker
1 TL Natron
1 TL Zimtpulver
75 g weiche Butter
2 Eier (Größe M)
100 g Sauerrahm
3 EL Milch
50 g gehackte Haselnüsse

1 Den Backofen auf 180 °C (Umluft 160 °C) vorheizen. Eine Kastenform mit Backpapier auslegen oder einfetten.

2 Die Aprikosen würfeln und mit allen anderen Zutaten zu einem glatten Teig verrühren. Den Teig in die Kastenform füllen und im vorgeheizten Backofen etwa 35 Minuten backen.

Zubereitungszeit: 15 Minuten + 35 Minuten Backzeit

Variation: Die Aprikosen lassen sich durch die gleiche Menge Dörrpflaumen oder Bananenchips ersetzen. Zu allen drei Varianten passt auch eine fruchtige Glasur, für die man 100 Gramm Puderzucker mit 2 bis 3 Esslöffeln Orangensaft glatt rührt.

Cappuccino-Makronen

Die Nr. 1 am Kaffeetisch

Für etwa 50 Stück

3 EL Cappuccino-Pulver
160 g Mandelblättchen
75 g zarte Haferflocken
4 Eiweiß (Größe M)
200 g Puderzucker

1 Den Backofen auf 120 °C (Umluft 100 °C) vorheizen und ein Backblech mit Backpapier auslegen. Das Cappuccino-Pulver mit 3 EL kochendem Wasser glatt rühren und etwas abkühlen lassen.

2 Inzwischen die Mandelblättchen mit den Haferflocken in einem Mixer fein hacken. Die Eiweiß zu möglichst festem Eischnee schlagen, Puderzucker zufügen und glatt verrühren. Die Mandelmasse und den Cappuccino vorsichtig unterheben.

3 Kleine Teigportionen auf das vorbereitete Backblech setzen und im vorgeheizten Ofen mehr trocknen als backen. Die Makronen sollen dabei nur leicht aufgehen und sich schwach verfärben.

Zubereitungszeit: 20 Minuten + 25 Minuten Backzeit

Variation: Aprikosen-Makronen sind eine fruchtige Abwechslung. Dafür entfallen Cappuccino und Wasser, statt dessen werden 100 Gramm möglichst fein gewürfelte getrocknete Soft-Aprikosen zur Makronenmasse gegeben. Die Menge der Haferflocken reduziert sich dann auf 60 Gramm.

Ruck-Zuck-Kekse

So schnell kann's gehen ...

Für etwa 15 Stück

100 g Butter
100 g kernige Haferflocken
100 g gemahlene Mandeln
1 Ei (Größe L)
100 g Zucker
1 Päckchen Bourbon-Vanillezucker
3-4 Tropfen Bittermandel-Aroma
etwa 15 geschälte ganze Mandeln

1 Den Backofen auf 175 °C (Umluft 155°C) vorheizen. Ein Backblech mit Backpapier auslegen. Die Butter schmelzen, Haferflocken und Mandeln darin goldbraun anrösten, anschließend abkühlen lassen.

2 Inzwischen das Ei mit Zucker, Vanillezucker und Aroma schaumig aufschlagen. Die Mandelmasse zugeben und alles gut verrühren. Kleine Teigportionen mit ausreichend Abstand auf das vorbereitete Backblech setzen (sie gehen beim Backen stark auseinander) und mit je einer ganzen Mandel verzieren. Die Kekse im vorgeheizten Ofen 15 Minuten goldbraun backen. Vor dem Servieren auskühlen lassen.

Zubereitungszeit: 15 Minuten + 15 Minuten Backzeit

Dreifarbiger Apfelkuchen

Schicht für Schicht ein Gedicht

Für etwa 12 Stücke

1/2 unbehandelte Zitrone
3 Eier (Größe M)
200 g weiche Butter
150 g Honig
100 g Mehl
100 g gemahlene Haselnüsse
1 TL Backpulver
75 g zarte Haferflocken
200 ml Milch
3 EL Kakaopulver
750 g Äpfel
200 g Schlagsahne
1 Päckchen Bourbon-Vanillezucker
12 ganze geschälte Mandeln
4 EL Schokoraspeln

1 Den Backofen auf 180 °C (Umluft 160 °C) vorheizen. Eine Springform (26 cm Durchmesser) mit Backpapier auslegen oder einfetten.

2 Die Schale der Zitrone dünn abraspeln, Saft auspressen. Die Eier trennen, Eigelbe mit Butter und Honig schaumig rühren. Zitronenschale, Mehl, Haselnüsse, Backpulver, Haferflocken und Milch zugeben und glatt rühren. Ein Drittel des Teigs abnehmen, den restlichen Teig mit dem Kakaopulver mischen und in die Form füllen. Im vorgeheizten Ofen etwa 20 Minuten vorbacken.

3 In der Zwischenzeit die Äpfel schälen, vom Kerngehäuse befreien, in Spalten schneiden und mit dem Zitronensaft beträufeln. Die Eiweiß zu steifem Eischnee schlagen und vorsichtig unter den restlichen Teig ziehen. Den vorgebackenen Boden aus dem Ofen nehmen und die Apfelspalten gleichmäßig darauf verteilen. Den Kuchen mit dem hellen Teig bedecken, glatt streichen und weitere 20 Minuten backen, auskühlen lassen.

4 Die Schlagsahne mit Vanillezucker steif schlagen. Den erkalteten Kuchen aus der Form lösen und gleichmäßig mit der Sahne bestreichen (evtl. einen Teil der Sahne in einen Spritzbeutel füllen und mit der Sterntülle 12 Sahnerosetten aufspritzen). Mit ganzen Mandeln und Schokoraspeln garnieren.

Zubereitungszeit: 30 Minuten + 40 Minuten Backzeit

Variation: Mit Äpfeln lässt sich dieser Kuchen das ganze Jahr über genießen. Wer aber die fruchtige Füllung von der Jahreszeit bestimmen lassen will, kann prima variieren: Im Frühjahr verwendet man dazu 700 Gramm Rhabarber, der zuvor geputzt, in Scheiben geschnitten und mit 4 Esslöffeln Apfelsaft für 10 Minuten zu Kompott eingekocht wird. Im Sommer sorgen 700 Gramm entsteinte Aprikosen für den fruchtigen Akzent und im Herbst kann man 500 Gramm entsteinte Pflaumen oder die gleiche Menge Birnen (geschält, vom Kerngehäuse befreit und gewürfelt) verwenden. Als Winterfrüchte bieten sich Bananen an, die aber unbedingt gut gereift und aromatisch sein müssen.

Bei der Dekoration sind der Phantasie kaum Grenzen gesetzt. Sehr gut passt auch ein Krokantbruch, den man nach dem Rezept auf Seite 53 (Lebkuchen-Krokant-Schmarrn) herstellt und anstelle der Schokoraspeln verwendet.

Cornflakes-Amarena-Florentiner

Vorsicht: Suchtgefahr!

Für etwa 50 Stück
80 g Zucker, 40 g Honig
60 g Butter, 75 ml Schlagsahne
120 g Amarena-Kirschen
75 g kernige Haferflocken
75 g Cornflakes
50 g Sonnenblumenkerne
½ TL Zimtpulver

1 Den Backofen auf 200 °C (Umluft 180 °C) vorheizen. Ein Backblech mit Backpapier auslegen. Zucker, Honig, Butter und Sahne kurz aufkochen und 5 Minuten bei milder Hitze ziehen lassen, dabei immer wieder umrühren.

2 Die Kirschen fein hacken und zusammen mit Haferflocken, Cornflakes, Sonnenblumenkernen und Zimt zur Honigmasse geben. Etwa die Hälfte der Masse mit einem Teelöffel in kleinen Häufchen auf das Backblech setzen, dabei ausreichenden Abstand lassen, da die Florentiner beim Backen verlaufen. Im vorgeheizten Ofen etwa 12 Minuten backen. Mit dem Backpapier vom Blech ziehen und auf dem Papier auskühlen lassen.

3 Inzwischen das Backblech erneut mit Backpapier auslegen, den restlichen Teig ebenso in Klecksen darauf verteilen und 12 Minuten backen. Die ausgekühlten Florentiner bis zum Verzehr in einer Blechdose aufbewahren.

Zubereitungszeit: 15 Minuten + 25 Minuten Backzeit

Variante: Den gesamten Teig auf dem mit Backpapier belegten Blech glatt streichen, 15 Minuten backen. Nach dem Auskühlen in Quadrate oder Dreiecke schneiden.

Nuss-Nougat-Kekse

Viel Geschmack mit wenig Aufwand

Für etwa 20 Stück
100 g Schokolade (Vollmilch oder Zartbitter)
100 g Studentenfutter, 100 g Butter
100 g Erdnussbutter (kernig oder cremig)
100 g Nuss-Nougat-Creme
3 Eier (Größe M)
100 g brauner Zucker
100 g kernige Haferflocken
100 g Mehl, 2 TL Backpulver

1 Den Backofen auf 180 °C (Umluft 160 ° C) vorheizen und ein Backblech mit Backpapier auslegen. Schokolade und Studentenfutter nicht zu fein hacken. Die Butter mit Erdnussbutter, Nuss-Nougat-Creme und den Eiern cremig rühren, sämtliche restliche Zutaten zufügen und alles gut verrühren.

2 Mit einem Löffel kleine Häufchen auf das vorbereitete Blech setzen und jeweils etwas flach drücken. Die Kekse im vorgeheizten Backofen etwa 12 bis 15 Minuten backen. Vor dem Servieren auskühlen lassen.

Zubereitungszeit: 15 Minuten + 15 Minuten Backzeit

Tomaten-Käse-Brot

Genießers Liebling

Für 1 Laib

125 g weiche Butter
1 EL Tomatenketchup
1 EL brauner Zucker
2 Eier (Größe L), 200 g Mehl
100 g kernige Haferflocken
50 g zarte Haferflocken
1 TL Backpulver, 1 TL Natron
125 ml Tomatensaft
100 g geriebener Emmentaler
1 EL getrockneter Thymian
Salz, Pfeffer

1 Den Backofen auf 180 °C (Umluft 160 °C) vorheizen. Eine Kastenform mit Backpapier auslegen oder einfetten.
2 Die Butter zusammen mit Ketchup, Zucker und den Eiern schaumig schlagen. Die übrigen Zutaten zugeben und alles zu einem glatten Teig verrühren.
3 Den Teig in die vorbereitete Form füllen und das Brot etwa 1 Stunde im vorgeheizten Backofen backen. Vor dem Servieren auskühlen lassen.
Zubereitungszeit: 10 Minuten + 1 Stunde Backzeit

Fruchtiges Buttermilchbrot

Das Feine daran ist das Feine darin

Für 1 Laib

150 g Buttermilch
75 g Zucker, 1 Würfel Hefe (42 g)
150 g Mehl
50 g kernige Haferflocken
100 g zarte Haferflocken
75 g gemahlene Mandeln
150 g gemischtes Trockenobst (z.B. Feigen, Datteln, Aprikosen, Pflaumen, Ananas)
50 g Magerquark
100 g Sonnenblumenkerne

1 Buttermilch mit Zucker erwärmen, die Hefe hineinbröckeln und glatt rühren. Mehl mit Haferflocken und Mandeln in einer Schüssel mischen und in die Mitte eine Mulde drücken. Die Buttermilch hineingeben, die Schüssel abdecken und den Vorteig an einem warmen Ort etwa 15 Minuten gehen lassen.
2 Inzwischen das Obst würfeln, mit Quark und Sonnenblumenkernen zum Teig geben und glatt verkneten. Abgedeckt wieder 30 Minuten gehen lassen.
3 Den Backofen auf 200 °C (Umluft 180 °C) vorheizen. Eine Kastenform mit Backpapier auslegen oder einfetten. Den Teig in die Form setzen und mit etwas lauwarmem Wasser bepinseln. Das Brot in 45 Minuten im vorgeheizten Ofen backen. Vor dem Servieren auskühlen lassen.
Zubereitungszeit: 15 Minuten + 45 Minuten Ruhezeit + 45 Minuten Backzeit

Tipp: Dazu eine Dattelcreme! Für 4 Portionen 250 Gramm frische Datteln häuten, entkernen und mit 80 Gramm gemahlenen Mandeln, 4 Esslöffeln Schlagsahne und 1 Prise Zimtpulver pürieren. Nach Geschmack mit 1 Esslöffel Rum aromatisieren.

Rumkugeln de luxe

Für etwa 60 Stück

100 g Schlagsahne
je 100 g Vollmilch- und Zartbitter-Schokolade
100 g Mehl
125 g zarte Haferflocken
100 g Zucker, 200 g weiche Butter
2 Eier (Größe L)
1/2 TL Backpulver, 1/4 TL Zimtpulver
2-3 Tropfen Rum-Aroma
50 g Mandelblättchen
2 EL hochprozentiger Rum (über 64 Vol. %),
2 EL Brombeergelee
Puderzucker bzw. Kakaopulver zum Dekorieren

Nicht nur für Gäste

1 Backofen auf 175 °C (Umluft 155 °C) vorheizen. Eine Kastenform ausfetten oder mit Backpapier auslegen. Die Sahne erwärmen und die Hälfte der Schokolade darin schmelzen. Inzwischen Mehl, 75 g Haferflocken, Zucker, 50 g Butter, Eier, Backpulver, Zimtpulver und Rum-Aroma miteinander glatt rühren. Schokomasse zugeben, den Teig in die Form füllen und im Ofen 35 Minuten backen. Komplett auskühlen lassen (am besten über Nacht).

2 Ein Backblech mit Backpapier auslegen. Restliche Schokolade und Haferflocken sowie Mandelblättchen möglichst fein hacken. Den Kuchen zerbröseln, mit der Schokomischung und Rum mischen. Übrige Butter mit dem Gelee unter Rühren erwärmen, bis alles aufgelöst ist, unter den Teig rühren.

3 Aus der Masse Kugeln formen, in Puderzucker oder Kakaopulver wälzen, auf das Blech setzen. Im Kühlschrank 2 Stunden fest werden lassen. Die Rumkugeln halten sich kühl in einem luftdichten Behälter bis zu 3 Wochen.

Zubereitungszeit: 1 Stunde + 35 Minuten Backzeit + Kühlzeit

Orangen-Marzipan-Konfekt

Für etwa 50 Stück

175 g Schokolade (Vollmilch oder Zartbitter)
200 g Marzipan-Rohmasse
100 g Löffelbiskuits
75 g zarte Haferflocken
abgeriebene Schale von 1 unbehandelten Orange
60 ml frisch gepresster Orangensaft (oder Amaretto, italienischer Mandellikör)
60 g gemahlene Mandeln
30 g weiße Schokolade

Damit kann man Eindruck machen

1 100 g Schokolade im Wasserbad schmelzen. Das Marzipan grob würfeln. Löffelbiskuits und Haferflocken hacken, bis sie die Größe von Semmelbröseln haben. Geschmolzene Schokolade, abgeriebene Orangenschale, Orangensaft oder Amaretto, Marzipan und Mandeln zugeben. Einen glatten Teig kneten, zu Rollen formen, in Frischhaltefolie einwickeln und für 3 Stunden kalt stellen.

2 Die Rollen in Scheiben schneiden, die restliche Schokolade im Wasserbad schmelzen. Zum Verzieren das Konfekt mit der Oberseite in die geschmolzene Schokolade tauchen und erkalten lassen. Die weiße Schokolade schmelzen, in einen Spritzbeutel (kleinste Tülle) füllen und das Konfekt mit Streifen verzieren. Das Konfekt hält sich in einem luftdichten Behälter etwa 3 Wochen.

Zubereitungszeit: 1 Stunde + mindestens 3 Stunden Kühlzeit

Register

Snacks, Shakes & Dips

Vorspeisen, Suppen & Salate

Hauptgerichte pikant & süß

Desserts, Kuchen & Gebäck

Abkürzungen im Buch:

EL	= Esslöffel
TL	= Teelöffel
l	= Liter
ml	= Milliliter
g / kg	= Gramm / Kilogramm
TK	= Tiefkühlware
°C	= Grad Celsius

Die Autorin:
Maria Pareth ist Kochbuchautorin mit Leib und Seele. Ihren Rezepten merkt man die Lust am Kochen und Genießen an, ihre besondere Stärke sind kreative Ideen, die auch aus einfachen Zutaten kulinarische Leckerbissen machen. Maria Pareth hat bereits mehrere erfolgreiche Kochbücher veröffentlicht.

Das Fototeam:
Rolf Seiffe zählt zu den besten Foodfotografen Deutschlands. Seine Spezialität ist die Arbeit mit Tageslicht, das seinen Bildern ein Höchstmaß an Authentizität verleiht. Zu seinen Auftraggebern zählen neben großen Buch- und Zeitschriftenverlagen auch Kunden aus der Werbung.
Christian Splettstösser ist seit vielen Jahren Partner von Rolf Seiffe. Als Koch und Foodstylist versteht er es immer wieder, Rezepte überraschend zu präsentieren.

Anregungen und Hinweise sind jederzeit willkommen:
info@seehamer.de oder Postfach 61, D-83629 Weyarn
Besuchen Sie uns auch im Internet: www.seehamer.de

Gestaltung , Satz und Redaktion: Bine Cordes, Weyarn
Fotos: Rolf Seiffe, FOOD CENTRALE, Hamburg
Foodstyling: Christian Splettstösser, FOOD CENTRALE, Hamburg
Lektorat: Dr. Ute Paul-Prößler
Lithografie: inteca Media Service GmbH, Rosenheim
Druck und Bindung: Stalling, Oldenburg
ISBN 3-934058-65-5